L'ESSENTIEL
DE LA
GRAMMAIRE
FRANÇAISE

Deuxième édition

THE SCRIBNER FRENCH SERIES
General Editor, EDWARD D. SULLIVAN
Princeton University

DU MÊME AUTEUR

ROMANTIQUE ESPAGNE
(L'image de l'Espagne en France entre 1800 et 1850)
Paris, Presses Universitaires de France, 1961.

LA PESTE A BARCELONE
(En marge de l'histoire politique et littéraire
de la France sous la Restauration)
Paris, Presses Universitaires de France, 1964.

H. de Latouche et L.-F. L'Héritier:
DERNIÈRES LETTRES DE DEUX AMANS DE BARCELONE
(1821)
Introduction et notes par L.-F. Hoffmann.
Paris, Presses Universitaires de France, 1965.

RÉPERTOIRE GÉOGRAPHIQUE DE "LA COMÉDIE
HUMAINE"
Tome I: *L'Etranger*, Paris, José Corti, 1965.
Tome II: *La Province*, Paris, José Corti, 1968.

LA PRATIQUE DU FRANÇAIS PARLÉ
New York, Charles Scribner's Sons, 1973.

LE NÈGRE ROMANTIQUE
(Personnage littéraire et obsession collective)
Paris, Payot, 1973.

L'ESSENTIEL DE LA GRAMMAIRE FRANÇAISE

Deuxième édition

Léon-François Hoffmann

PRINCETON UNIVERSITY

CHARLES SCRIBNER'S SONS   New York

15 17 19   20 18 16 14

Printed in the United States of America
Library of Congress Catalog Card Number 72–1907
ISBN 0-02-355610-2

Je voudrais remercier ici mes collègues du Département de Langues Romanes de l'Université de Princeton, qui ont bien voulu, dans leurs classes de langue, employer "L'Essentiel de la grammaire" sous forme de fascicules polycopiés. Leurs conseils m'ont été précieux; ils m'ont suggéré bon nombre d'améliorations, tant pour la forme que pour le fond.

Ma reconnaissance va en particulier aux professeurs Edward D. Sullivan et Robert J. Ellrich. Ils m'ont constamment guidé dans la rédaction du manuel et ont accepté d'en relire le manuscrit. Sans leurs encouragements et leur assistance, mon travail n'aurait pu être mené à bien.

L.-F. H.

TABLE DES MATIÈRES

Partie B

PRÉFACE A LA DEUXIÈME ÉDITION

L'accueil favorable que l'on a bien voulu accorder à *L'Essentiel de la grammaire française* m'a encouragé à en préparer une deuxième édition, qui tiendrait compte de critiques et de suggestions avancées tant par des collègues que par des étudiants. L'inconvénient le plus souvent signalé a été que *L'Essentiel* n'avait en vue que l'un des trois objectifs du cours intermédiaire: l'exposition et l'illustration des règles de grammaire. Le professeur était obligé de compléter son programme au moyen de deux autres ouvrages: l'un permettant la pratique du français parlé, l'autre fournissant des lectures littéraires ou culturelles. L'innovation la plus importante est donc sans doute *La Pratique du français parlé*, qui accompagne la deuxième édition de *L'Essentiel*. *La Pratique* est conçu dans le même esprit que *L'Essentiel*. J'espère avoir ainsi simplifié la tâche du professeur, tout en lui laissant le choix des textes de lecture qui correspondent au niveau de compétence et aux intérêts des étudiants. Des enregistrements sur bande magnétique en cassette accompagnent *La Pratique* et en permettent l'audition. Ils compenseront l'absence du laboratoire de langue, ou complémenteront le travail que l'on y fait.

Je n'ai pas cru devoir modifier la structure fondamentale de *L'Essentiel*, dont les usagers se sont, dans l'ensemble, déclarés satisfaits. J'ai cependant revu soigneusement le texte, en tenant compte des critiques qui m'avaient été faites. Les pages qui n'ont pas subi de modification, importante ou de détail, sont rares: certaines rubriques ont disparu, d'autres ont été ajoutées, d'autres encore ont été formulées différemment. J'ai changé bon nombre d'exemples, en m'efforçant de leur donner un contenu plus approprié: plutôt que de me référer constamment au traditionnel "chapeau de mon frère" et aux phrases-clés du client de restaurant ou de la parfaite ménagère, j'ai cherché à évoquer les problèmes politiques et sociaux. Pour le commun des mortels, l'apprentissage d'une langue étrangère est une entreprise ardue; la relier à une problématique plus générale compense un tant soit peu cet inconvénient. En révisant le fascicule de *Travaux pratiques*, je me suis également attaché, dans la mesure du possible, à utiliser un vocabulaire abstrait, d'autant plus approprié qu'il s'apparente au vocabulaire anglais correspondant.

Je reste persuadé que méthodes et manuels jouent un rôle secondaire en regard de la compétence et de l'enthousiasme du professeur. J'espère que ceux qui ont trouvé *L'Essentiel* adapté à leurs préférences pédagogiques trouveront sa deuxième édition moins imparfaite que la précédente.

Mon collègue Jean Casagrande a bien voulu revoir le nouveau manuscrit de *L'Essentiel*. Il m'a signalé bon nombre de maladresses, m'a suggéré bon nombre d'améliorations. Qu'il trouve ici l'expression de ma profonde gratitude.

L.-F. H.

PRÉFACE

Le présent manuel est destiné aux élèves qui sont au stade intermédiaire de leur étude du français. Il est appelé à consolider leurs connaissances de grammaire et à les amplifier.

Les bons manuels élémentaires à l'usage des *secondary schools* et des *colleges* ne manquent pas. Les règles de grammaire y sont formulées en anglais; il ne saurait en être autrement tant que le débutant n'est pas à même de lire et de comprendre le français. De nos jours, toutefois, un grand nombre de professeurs ne permettent plus l'usage de l'anglais. Ils estiment avec raison qu'il faut habituer l'élève à étudier le français *en français*. D'où l'intérêt d'une grammaire rédigée en français. Encore faut-il qu'une telle grammaire soit conçue en fonction de l'étudiant auquel elle s'adresse. Les manuels employés dans les écoles de France ne conviendraient guère à des jeunes de langue anglaise, qui auraient inévitablement besoin d'explications supplémentaires. Par ailleurs, bien des subtilités, indispensables au lycéen, seraient superflues au niveau intermédiaire pour le jeune étranger.

Si toutes les explications grammaticales sont ici en français, je n'ai pas hésité à donner la traduction anglaise de certains mots ou de certaines expressions quand elles pouvaient éviter à l'étudiant des difficultés inutiles.

* * *

L'Essentiel de la grammaire française est divisé en quatorze leçons, correspondant au nombre moyen de semaines dans un semestre. Comme chaque leçon est à son tour divisée en deux parties, A et B, le manuel peut être utilisé dans un cours intensif d'une demi-année comme dans un cours d'une année entière.

Un fascicule de travaux pratiques, contenant un nombre considérable d'exercices qui correspondent aux leçons de *L'Essentiel de la grammaire française* accompagne le manuel. Ces exercices, eux-mêmes divisés en

Partie A et Partie B, s'adaptent au rythme du cours. Le fascicule se compose de feuilles détachables. Le professeur peut ainsi se faire remettre certains exercices, les noter, puis les rendre aux étudiants.

En plus du manuel et du fascicule, *L'Essentiel de la grammaire française* comporte des feuilles de correction indiquant, pour chaque exercice, les réponses exigées. Ces feuilles seront envoyées par l'éditeur *au professeur exclusivement,* sur sa demande. S'il le désire, il les distribuera chaque fois à ses élèves, pour leur permettre de corriger eux-mêmes leur travail. Le temps qui serait nécessaire à indiquer en classe quelle est la bonne réponse à chaque question pourra ainsi être économisé.

Chaque leçon de *L'Essentiel de la grammaire française* se compose de plusieurs rubriques. Elles sont au nombre de 52 pour tout le manuel. Dans chaque rubrique, l'explication peut comporter quelques notes en bas de page qui fournissent des indications supplémentaires, et la plupart des rubriques sont suivies de *Difficultés de traduction* qui signalent les principales différences d'usage entre l'anglais et le français.

Les longues explications théoriques sont évitées dans la mesure du possible. L'expérience a montré que quelques exemples bien choisis, annotés si nécessaire, sont bien plus utiles pour faire comprendre à l'étudiant le principe de telle ou telle règle de grammaire, ainsi que ses applications pratiques.

Ce livre étant destiné à des étudiants étrangers, les exemples et les exercices sont rédigés dans une langue qui se veut simple sans être primaire. Je n'ai pas hésité à employer des mots qui n'appartiennent ni au "français élémentaire" ni même au "français fondamental," surtout lorsque leur ressemblance au mot anglais correspondant les rend faciles à comprendre. En même temps qu'il emploie *L'Essentiel de la grammaire française*, l'étudiant travaille certainement sur des textes français, pièces, romans, poésies ou morceaux choisis. Pour les comprendre parfaitement, il lui faudra un dictionnaire—aussi aurait-ce été faire double emploi que d'inclure un lexique à la fin du manuel, comme on le fait habituellement. S'il arrive à l'étudiant de rencontrer un mot inconnu, il lui sera tout aussi facile de consulter son dictionnaire. D'ailleurs, le mot qui risque d'être nouveau pour lui est utilisé à plusieurs reprises dans la même série d'exemples ou d'exercices, afin d'en faciliter l'assimilation.

*   *   *

Il va sans dire qu'un problème de sélection s'est posé pour chaque rubrique. Une fois exposés les principes fondamentaux, jusqu'où convient-il de pousser l'étude des détails, des cas particuliers, des inévitables exceptions que toute règle comporte? Une grammaire est incomplète par définition. A plus forte raison un manuel scolaire, surtout pour étudiants étrangers. Bien des subtilités que l'on trouve dans *Le Bon usage* de Grevisse ou dans la *Grammaire Larousse du XXe siècle* (pour ne citer que ces deux excellents ouvrages de référence) n'ont pas leur place dans un manuel tel que celui-ci.

Un effort a été fait pour ne rien omettre d'indispensable à l'élève au niveau intermédiaire. A ce stade, il ne m'a toutefois pas semblé nécessaire d'entrer, par exemple, dans le détail de l'imparfait du subjonctif, de l'accord du participe, du pluriel des noms composés, domaines dans lesquels il arrive même à un Français moyen d'hésiter. Certains de mes collègues regretteront telle omission; telle remarque pourra leur sembler superflue. J'espère cependant qu'aucun des principes fondamentaux n'a été négligé dans *L'Essentiel de la grammaire française* et qu'ils y ont été exposés avec suffisamment de clarté et de précision.

L.-F. H.

L'ESSENTIEL
DE LA
GRAMMAIRE
FRANÇAISE

Deuxième édition

PREMIÈRE LEÇON

> *Partie A*

[1] LE PRÉSENT DE L'INDICATIF

A. Le présent indique généralement que l'action se produit au moment où l'on parle :

Il **pleut**.
Tous les hommes **ont** les mêmes droits.
Ils **construisent** une maison.
Ma sœur n'**étudie** pas le latin.
Que **pensez**-vous de ce livre ?

B. Pour situer plus rigoureusement l'action dans le présent, on peut employer la locution **être en train de** + **infinitif** :

Il **est en train de** pleuvoir.
Je **suis en train d'**écrire un roman.
Ils **sont en train de** construire une maison.
L'analphabétisme **est en train de** disparaître dans ce pays.[1]

C. Le présent s'emploie aussi pour indiquer une action habituelle, qui reste vraie au moment où l'on parle :

Les Américains **boivent** du lait avec leurs repas.
Le soir, avant de me coucher, je me **brosse** les dents.
On **dit** souvent que l'argent ne **fait** pas le bonheur.

---

[1] La locution **être en train de** + **infinitif** s'emploie aussi dans les autres temps du verbe pour donner plus de vigueur à l'expression et pour situer l'action plus strictement dans le moment indiqué :

J'**étais en train d'**écrire quand vous avez téléphoné.
Je **serai en train d'**écrire quand vous téléphonerez.
Si vous n'aviez pas téléphoné, j'**aurais été en train d'**écrire.

D. Le présent doit être employé pour indiquer une action commencée dans le passé, mais qui continue dans le présent:[1]

Il **est** en France depuis trois jours.
Ma sœur **étudie** le latin depuis trois ans.
Ils **attendent** depuis hier.
Il ne **pleut** pas depuis mercredi.
Grâce aux efforts du gouvernement, l'analphabétisme **disparaît** peu à peu.

Pour le premier exemple ci-dessus on peut aussi dire:

Il y **a** trois jours qu'il **est** en France.
Cela **fait** trois jours qu'il **est** en France.
Voici trois jours qu'il **est** en France.
Voilà trois jours qu'il **est** en France.

La forme interrogative de ces expressions idiomatiques est:

Depuis combien de temps **est**-il en France?
Depuis quand **est**-il en France?
Combien de temps y **a**-t-il qu'il **est** en France?
Cela **fait** combien de temps qu'il **est** en France?

E. Le présent peut être employé au lieu d'un temps passé:

   1. Familièrement, lorsqu'il s'agit d'un passé récent, surtout avec les verbes tels que: **arriver, sortir, revenir, partir**, etc., qui indiquent le déplacement:

   J'**arrive** il y a une minute.
   Marie est fatiguée: elle **rentre** de son travail.
   Pierre **sort** à l'instant.
   J'**arrive** de Paris.

   2. Pour donner plus de vigueur à l'expression d'événements importants ou dramatiques qui se sont produits dans le passé:

---

[1] Pour indiquer qu'une action ne s'est pas produite depuis un moment du passé jusqu'au présent, on peut également employer le passé composé:

Ma sœur **n'étudie pas** le latin depuis sa maladie
ou Ma sœur **n'a pas étudié** le latin depuis sa maladie.

Il **ne pleut pas** en France depuis le mois dernier
ou Il **n'a pas plu** en France depuis le mois dernier.

Cela fait trois semaines qu'il **ne** me **téléphone pas**
ou Cela fait trois semaines qu'il **ne** m'**a pas téléphoné**.

La bataille était commencée; les troupes reculaient; la situation semblait désespérée. Tout d'un coup, on **entend** le bruit du canon; le renfort **arrive**, les soldats **reprennent** courage, l'ennemi **est** battu. Ce fut une grande victoire: elle sauva le pays.

F. Comme en anglais, le présent peut être employé au lieu du futur, pour exprimer familièrement un projet ou une certitude:

Nous **allons** en France l'année prochaine.
Demain, il **dîne** chez des amis.
J'**arrive** dans une minute.
Le train **part** dans une heure.

G. Comme en anglais, après **si** conditionnel (traduit par *if* et non par *whether*), le présent remplace le futur:

Je lui dirai bonjour **si** je le **rencontre**.
J'irai au cinéma **si** l'on **joue** un bon film.
Si vous **allez** en ville, je viendrai avec vous.

Difficultés de traduction

1. Pour exprimer une action qui a commencé dans le passé et qui continue dans le présent, l'anglais emploie soit *for*, soit *since*. Le français emploie **depuis** et **depuis que**:

He has been working for a week.
Il travaille **depuis** une semaine.

He has been working since noon.
Il travaille **depuis** midi.

He has been working since his father died.
Il travaille **depuis que** son père est mort.

2. Pour exprimer la durée d'une action qui a été terminée dans le passé, on emploie **pendant** et un temps passé:

He worked for a week.
Il a travaillé **pendant** une semaine.

In 1934, the union went on strike for two months.
En 1934, le syndicat a fait grève **pendant** deux mois.

La préposition **pendant** est souvent sous-entendue:

Il a travaillé une semaine.
En 1934, le syndicat a fait grève deux mois.

[2] L'IMPÉRATIF

A. L'impératif exprime un ordre, un souhait ou une prière :

Arrête-toi ! Sortez ! Va-t-en !   (ordre)
Amusez-vous bien !   (souhait)
Pardonnez-moi !   (prière)

B. A la première personne du pluriel et à la deuxième personne (singulier et pluriel), l'impératif prend les formes du présent de l'indicatif. Au singulier, on omet le **s** après les voyelles **e** et **a** :

INDICATIF	IMPÉRATIF
tu donnes	donne !
nous donnons	donnons !
vous donnez	donnez !
tu vas	va !
nous allons	allons !
vous allez	allez !
tu tiens	tiens !
nous tenons	tenons !
vous tenez	tenez !

Toutefois, même après **e** et **a**, le **s** est conservé devant les pronoms **y** et **en** :

Va chercher du lait, et **vas**-y tout de suite.
Ouvre des boîtes de conserve, et **ouvres**-en plusieurs.

C. Les verbes **avoir** et **être** à l'impératif prennent les formes du présent du subjonctif ; les verbes **savoir** et **vouloir** ont une forme spéciale :

Vous êtes fort, **soyez** courageux aussi. **Sois** honnête.
N'**ayez** pas peur, je viendrai. N'**aie** (sans **s**) pas peur.
Sachez ce que vous voulez. **Sache** obéir aux ordres.
Veuillez ne pas faire de bruit.[1]

---

[1] L'impératif de **vouloir** à la deuxième personne du pluriel est souvent employé dans la correspondance et, tout particulièrement, dans les formules de politesse qui terminent les lettres :

Veuillez trouver ci-joint un chèque au montant de 400 francs.
Veuillez nous indiquer, Monsieur, l'adresse de votre avocat.
Veuillez agréer, Messieurs, l'assurance de mes sentiments très distingués.

L'impératif de **vouloir** à la deuxième personne du singulier, **veuille**, est extrêmement rare.

D. A la première personne du singulier et à la troisième personne (singulier et pluriel), l'impératif prend les formes correspondantes du présent du subjonctif:

Que je **puisse** seulement vous revoir un jour!
Qu'il **parte**! Qu'ils y **aillent**! Qu'elle **sorte**! Que personne ne **bouge**!

E. On emploie souvent le futur comme impératif (voir 3-B, p. 6).

F. On emploie souvent l'infinitif comme impératif pour donner, par écrit, une indication ou un avis impersonnels:

Ne pas **parler** au conducteur.
Voir Victor Hugo, *Les Misérables,* p. 347.
Ralentir.
Frapper avant d'entrer.

Difficultés de traduction

1. En anglais, l'impératif se forme souvent avec *let* + **pronom** + **infinitif.** Le français a une forme spéciale:

Let's go!	**Allons! (Partons!)**
Let him learn French!	Qu'il **apprenne** le français!
Let's not quibble!	N'**ergotons** pas!

Quand *let* + **pronom** + **infinitif** indique la permission et non pas l'ordre, le français emploie le verbe **laisser** ou le verbe **permettre**:

Allow us to } *go, please.*   **Laissez-nous** } partir, s'il vous plaît.
Let us   **Permettez-nous de**

Allow him to } *learn French since he wants to.*
Let him

Laissez-lui } apprendre le français, puisqu'il le désire.
Permettez-lui d'

[3] LE FUTUR SIMPLE

A. Le futur simple marque une action à venir:

J'**écrirai** une lettre demain matin.
Ils **construiront** une maison.
Ma sœur **étudiera** le chinois l'année prochaine.
Il ne **pleuvra** pas avant l'automne.
Un jour, il n'y **aura** plus de guerres.

B. Le futur simple peut remplacer l'impératif, pour donner un ordre (formel ou poli) ou un conseil:

Pour avoir une bonne note, vous **travaillerez** beaucoup et vous **ferez** attention en classe. (conseil)
Tu **iras** acheter du pain, et tu **rentreras** tout de suite après. (ordre)
Tu ne **tueras** point. (ordre formel)

C. Après **si** conditionnel (*if*), le présent remplace le futur (voir 1-G, p.3):

Je lui dirai bonjour **si** (*if*) elle **vient**.
Mais: Je ne sais pas **si** (*whether*) elle **viendra**.

D. Comme en anglais, **aller** au présent de l'indicatif + **infinitif** peut exprimer un futur prochain:

Il **va pleuvoir** d'un moment à l'autre.
Tout à l'heure, je **vais écrire** une lettre.
Ils **vont construire** une maison.
Ma sœur **va étudier** le chinois.

E. Comme en anglais, **devoir** au présent de l'indicatif + **infinitif** peut exprimer un futur probable mais pas nécessairement obligatoire ou certain (voir 25-A-2-d, p. 72):

Il **doit partir** pour la France un jour ou l'autre.
Le complet que j'ai commandé **doit arriver** un de ces jours.

Étudier les exemples suivants:

Je **vais sortir**. (très proche)
Mon fiancé **doit** me **téléphoner**. (indéterminé)
Vous lui **direz** (ordre) que je la **rappellerai**.

[4] LE FUTUR ANTÉRIEUR

Le futur antérieur marque une action qui aura été accomplie à un moment déterminé dans l'avenir, ou avant qu'une action future ne se produise:

Je suis sûr que demain j'**aurai trouvé** la solution.

A trois heures, cette lettre **aura été écrite**.

Ma sœur **aura reçu** une bonne éducation secondaire quand elle entrera à l'université.

Lorsque l'Assemblée **aura voté** les crédits, on pourra construire de nouvelles écoles.

Difficultés de traduction

1. En anglais, les formes *I am going to* et *I shall* (*I will*, *I'll*) sont interchangeables. En français, la forme **je vais** + **infinitif** est employée de préférence pour indiquer une action qui va suivre immédiatement :

    Some day he $\begin{Bmatrix} will \\ is\ going\ to \end{Bmatrix}$ *study French.*
    Un jour, il **étudiera** le français.

    They $\begin{Bmatrix} will \\ are\ going\ to \end{Bmatrix}$ *call her right away.*
    Ils **vont** lui **téléphoner** tout de suite.

2. Dans les cas où l'anglais *will* indique une volonté, il ne se traduit pas par le futur, mais par le présent du verbe **vouloir** + **infinitif** :

    Will you marry me? (*Do you want to marry me?*)
    Voulez-vous m'**épouser** ?

    Will you have a glass of wine? (*Do you want a glass of wine?*)
    Voulez-vous un verre de vin ?

3. Dans les cas où l'anglais *will* indique une action habituelle, il ne se traduit pas par le futur, mais par le présent :

    He will often refuse to see me.
    Il **refuse** souvent de me voir.

4. Après **quand** (*when*), **dès que** (*as soon as*), **aussitôt que** (*as soon as*), **tant que** (*as long as*), **après que** (*after*), le futur simple (ou le futur antérieur, selon le sens) est obligatoire si le verbe principal est au futur ou à l'impératif :

J'enverrai le manuscrit à l'éditeur quand ma secrétaire **finira** (**aura fini**) de le taper.
*I'll send the manuscript to the editor when my secretary **finishes** (**has finished**) typing it.*

Aussitôt que vous **recevrez** (**aurez reçu**) des nouvelles, prévenez-moi.
*As soon as you **receive** (**have received**) news, let me know.*

Tant qu'il **existera** des taudis, nous continuerons à manifester.
*As long as there **are** slums, we will continue to demonstrate.*

⚜ *Partie B*

[5] LE PRÉSENT DU CONDITIONNEL

A. Le présent du conditionnel peut exprimer une action éventuelle dont l'accomplissement dépend d'une condition qui n'est pas réalisée au moment où l'on parle. Si cette condition se réalise, l'action aura lieu. La condition est généralement introduite par **si** et son verbe est à l'imparfait:

> J'**écrirais** une lettre si j'avais un stylo.
> Si ma secrétaire était de retour elle m'**aiderait**.
> Vous **verriez** *Phèdre* si vous alliez au théâtre demain.
> Je me demande s'il **aimerait** ce tableau (s'il le voyait).

Mais: Si ma secrétaire est de retour demain, elle m'**aidera**.
> Vous **verrez** *Phèdre* si vous allez au théâtre demain.

(Voir Diff. de trad. 1, p. 10.)

B. Le présent du conditionnel peut s'employer pour présenter un renseignement qui semble douteux à celui qui parle:

> D'après les statistiques, la situation économique **serait** moins grave qu'on ne le pense.
> Selon la presse, les vedettes du cinéma **gagneraient** moins d'argent que les speakers de la télévision.
> **Aurais**-tu encore faim? Tu viens pourtant de manger.

Si le renseignement ne semble pas douteux, on emploie bien entendu le présent de l'indicatif:

As-tu encore faim? Tu viens pourtant de manger.

C. Le présent du conditionnel peut avoir la valeur d'un futur dans le passé. C'est-à-dire que, lorsqu'une proposition principale est à un temps passé, le présent du conditionnel de la proposition subordonnée indique un futur par rapport à ce passé:

Il a dit (à midi) qu'il **viendrait** (à deux heures).
Je pensais que vous n'**accepteriez** pas.
Avait-il prédit que les socialistes **obtiendraient** la majorité?

D. Le présent du conditionnel remplace souvent le présent de l'indicatif pour atténuer l'expression, pour la rendre plus polie, en particulier avec les verbes **vouloir, pouvoir** et **devoir**:

Je **voudrais** (au lieu de je **veux**) vous parler.
Pourrait-elle (au lieu de **peut-elle**) revenir ce soir?
Vous **devriez** (au lieu de vous **devez**) faire attention.

Remarquer en particulier le premier exemple. Pour exprimer un désir, on emploie de préférence le conditionnel, le présent de l'indicatif étant très énergique:

Nous **voulons** être libres!
Mais: Je **voudrais** un litre de vin.
Je **voudrais** voir le Directeur.

E. La locution **au cas où** doit être suivie d'un conditionnel:

Au cas où vous ne **viendriez** pas, nous irions sans vous.
Je serai chez moi ce soir, **au cas où** vous **décideriez** de venir.

[6] LE PASSÉ DU CONDITIONNEL (OU CONDITIONNEL ANTÉRIEUR)

A. Le passé du conditionnel peut exprimer une action qui ne s'est pas accomplie dans le passé parce qu'elle dépendait d'une condition qui ne s'est pas réalisée. La condition est généralement introduite par **si** et son verbe est au plus-que-parfait:

J'aurais écrit une lettre si j'avais eu un stylo.
Si ma secrétaire avait été de retour, elle m'**aurait aidé**.

(Comparer à 5-A, p. 8.)

B. Le passé du conditionnel peut s'employer pour présenter, sur une action ou une situation passée, un renseignement qui semble douteux à celui qui parle:

D'après certains experts, la situation économique de la France en 1936 **aurait été** moins grave qu'on ne le pense généralement.
Aurais-tu **eu** une enfance malheureuse? Connaissant tes parents, j'en doute.
Selon les historiens, Louis XIV **aurait** longtemps **hésité** avant de déclarer la guerre à la Hollande.

(Comparer à 5-B, p. 8.)

C. Le passé du conditionnel peut avoir la valeur d'un futur antérieur dans le passé; c'est-à-dire que, lorsqu'une proposition principale est à un temps passé, le passé du conditionnel de la proposition subordonnée implique un futur antérieur par rapport à ce passé:

Elle a dit, à midi, qu'elle **aurait fini** à deux heures; il est quatre heures et elle travaille encore.
L'avocat pensait (avant le procès) que son client **serait acquitté** (à la fin du procès), mais il a été condamné la semaine dernière.

(Comparer à 5-C, p. 9.)

D. Le passé du conditionnel des verbes qui expriment le désir est encore plus poli que le présent du conditionnel:

J'aurais voulu vous parler
(plus poli que) Je **voudrais** vous parler
(plus poli que) Je **veux** vous parler.

Difficultés de traduction

1. Une phrase conditionnelle se compose généralement de deux parties: une proposition conditionnelle introduite par **si** (*if* clause) et une proposition indiquant la conséquence. Le tableau ci-dessous donne les concordances de temps les plus fréquentes. Remarquer que le conditionnel peut uniquement être utilisé dans une proposition de conséquence:

PROPOSITION CONDITIONNELLE	PROPOSITION DE CONSÉQUENCE
a. Présent, passé composé de l'indicatif	Futur, Impératif
b. Imparfait de l'indicatif	Conditionnel présent
c. Plus-que-parfait de l'indicatif	Conditionnel passé

EXEMPLES :

a. S'il **est** prêt, nous {**allons partir.** / **partirons.**}

*If he **is** ready we **will leave.***

S'il **est** prêt, qu'il **vienne.**
*If he **is** ready, **let him come.***

Si vous **avez fini** dans une heure je vous **donnerai** cinq francs.
*If you **are** finished in an hour I **will give** you five francs.*

Si vous n'**avez** pas **fini**, **dépêchez-vous.**
*If you **are** not finished, **hurry up!***

b. S'il **était** prêt, nous **partirions.**
*If he **were** ready, we **would leave.***

c. S'il **avait été** prêt, nous **serions partis.**
*If he **had been** ready, we **would have left.***

Encore une fois, le français, contrairement à l'anglais, ne permet jamais de propositions conditionnelles au futur ou au conditionnel. Mais lorsque la proposition n'est plus conditionnelle, c'est-à-dire lorsque **si** a le sens de **whether**, il est suivi par le temps que le sens exige :

Je ne sais pas **si** elle {est déjà prête. / sera bientôt prête. / était prête il y a une heure. / etc.}

2. Dans le cas où l'auxiliaire anglais **should** équivaut à **ought to**, il se traduit par le conditionnel du verbe **devoir** :

He {**should** / **ought to**} *work.*   Il **devrait** travailler.

He {**should have** / **ought to have**} *worked.*   Il **aurait dû** travailler.

3. Dans le cas où l'auxiliaire anglais **would** indique une volonté, il se traduit par l'imparfait ou le conditionnel du verbe **vouloir**:

*He came, but I **would** not **see** him.*
Il est venu, mais je ne **voulais** pas le voir.

Would *you do me a favor?*
Voudriez-vous me rendre un service?

4. Dans le cas où l'auxiliaire anglais **would** indique une action habituelle dans le passé, il se traduit par l'imparfait (voir 7-B, p. 13):

*He **would** sometimes **refuse** to answer.*
Il **refusait** parfois de répondre.

*In the days of slavery, a man **would** often **be treated** like an animal.*
Au temps de l'esclavage, l'homme **était** souvent **traité** comme un animal.

DEUXIÈME LEÇON

[7] L'IMPARFAIT DE L'INDICATIF

A. L'imparfait sert à décrire les personnes, les choses ou les faits tels qu'ils étaient dans le passé :

Savez-vous qui **était** le mari de Madame Curie ?
Sa fille **avait** six ans, mais elle **semblait** plus âgée.
Les chevaliers du moyen âge **portaient** des armures.
Les hommes des cavernes ne **connaissaient** pas l'agriculture.

B. L'imparfait s'emploie pour exprimer une action habituelle dans le passé (comparer à 1-C, p. 1) :

Chaque fois que je l'**invitais** à danser, elle **refusait**.
Le courage de Bonaparte **impressionnait** ses soldats.
Les Huns **mangeaient** la viande crue.

C. L'imparfait exprime les circonstances qui accompagnent une action principale dans le passé. Il sert par exemple à décrire le décor (*background*) d'une scène, ou ses personnages :

Il **pleuvait** quand je suis arrivé à Paris.
La jeune fille, qui **avait** soif, commanda une boisson.
La nuit **tombait**. Le général **était** un homme grand et taciturne, qui **perdait** rarement la tête. Il donna l'ordre d'attaquer; les soldats sortirent des tranchées et coururent vers l'ennemi.

(Relire l'exemple donné à 1-E-2, p. 2.)

D. L'imparfait décrit une ou plusieurs actions, déjà commencées et qui continuent dans le passé (comparer à 1-D, p. 2) :

13

Ma sœur **étudiait** l'anglais depuis trois ans.
Il **pleuvait** depuis la veille.
Il **était** en France depuis trois jours.
Depuis la mort du roi, la reine-mère **gouvernait** seule.

E. L'imparfait est un temps passé, mais "imparfait," car il indique qu'une action se déroulait dans le passé, sans indiquer si elle a continué ou non plus tard. Comparer:

Il **était** malade (quand je l'ai vu, peut-être a-t-il guéri depuis).
Il **a été** malade (mais il ne l'est plus).

Il y a une heure mon frère **jouait** au tennis (peut être y joue-t-il encore).
Il y a une heure mon frère **a joué** au tennis (mais il n'y joue plus).

F. Après **si** conditionnel (traduit en anglais par *if* et non par *whether*) l'imparfait remplace le conditionnel:

Je lui dirais bonjour si je le **rencontrais**.
J'irais au cinéma si l'on **jouait** un bon film.
Si les voitures **étaient** mieux construites, il y aurait moins d'accidents.
Si vous **alliez** en ville, je viendrais avec vous.

(Voir Diff. de trad. 1, p. 10.)

G. Après **si**, l'imparfait peut exprimer un désir:

Si j'**étais** riche!
Si seulement je **pouvais** aller en France!
Si jeunesse **savait**, si vieillesse **pouvait**!

Difficultés de traduction

1. Quand on traduit en français un *simple past tense*, il est indispensable d'examiner le contexte dans lequel ce *simple past* est utilisé:

France was a rich country in the 18th century.

Si cette phrase est une simple description, on emploie l'imparfait:

La France **était** un pays riche au XVIIIe siècle.

Si l'on veut indiquer que l'action a été complétée dans le passé, en d'autres termes, si la situation a pu changer plus tard, on emploie le passé composé ou le passé simple:

La France $\left\{ \begin{array}{l} \textbf{fut} \\ \textbf{a été} \end{array} \right\}$ un pays riche au XVIIIe siècle.

I spoke Italian when I was a child (and I still do).
Je **parlais** italien quand j'étais enfant (et je le parle encore).

I spoke Italian when I was a child (but I don't any more).
J'**ai parlé** italien quand j'étais enfant (mais je ne le parle plus).

2. L'imparfait traduit toute expression anglaise qui indique une action habituelle dans le passé :

When he was a child he $\left\{ \begin{array}{l} \textit{kept crying.} \\ \textit{often cried.} \\ \textit{would often cry.} \\ \textit{used to cry often.} \end{array} \right.$

Quand il était enfant, il **pleurait** souvent.

3. Un *past perfect progressive* anglais, qui indique une action qui avait commencé et qui continuait à se dérouler dans le passé, se traduit par l'imparfait :

*It **had been raining** since the preceding day.*
Il **pleuvait** depuis la veille.

*The strike **had been going on** for weeks.*
La grève **durait** depuis des semaines.

[8] LE PASSÉ SIMPLE (OU PASSÉ DÉFINI)

A. Le passé simple est un temps littéraire. Il ne s'emploie guère dans le français parlé, qui emploie de préférence le passé composé. Même dans la langue écrite, les deux premières personnes du pluriel sont de nos jours archaïques et on les évite au profit du passé composé.

B. Le passé simple est un temps historique qui exprime des actions révolues dans le passé :

Les Espagnols **découvrirent** l'Amérique et la **colonisèrent**.
Don Quichotte **chercha** l'aventure et **revint** mourir dans son village.
Les premières troupes américaines **débarquèrent** en France en 1917.

C. Le passé simple ne peut pas s'employer dans une phrase où la période de temps n'est pas complètement écoulée (voir 9-B, p. 17) :

Hier, j'**écrivis** une lettre; aujourd'hui j'ai reçu la réponse. (La journée n'est pas encore achevée.)
Le mois dernier, le tribunal **condamna** l'assassin; on l'a exécuté cette semaine. (La semaine n'est pas encore achevée.)

D. Dans une narration, on trouve souvent le passé simple employé pour décrire l'action, et l'imparfait employé pour décrire le décor (*background*) ou les personnages :

La nuit tombait, le ciel était couvert. Les passants rentraient chez eux. Une voiture s'**arrêta** devant la porte et deux hommes en **descendirent**. Ils portaient des imperméables et des chapeaux. Ils **entrèrent** dans la maison et y **restèrent** trois heures. Quand ils en **ressortirent,** il pleuvait et la rue était déserte.

(Relire les exemples donnés à 7-C, p. 13.)

E. Le passé simple s'emploie pour indiquer une action qui ne se produit plus, mais qui a été habituelle pendant une période de temps bien définie :

Pendant trois semaines, il ne **mangea** que du pain sec.
Entre 1941 et 1945 la France occupée **fut** bombardée par l'aviation alliée.

 *Partie B*

[9] LE PASSÉ COMPOSÉ (OU PASSÉ INDÉFINI)

A. Le passé composé exprime une action qui s'est terminée dans le passé :

Il **a plu.**
J'**ai écrit** une lettre.
Ma sœur **a étudié** l'espagnol.
Ils se **sont convertis** au catholicisme.

B. Dans la langue écrite comme dans la langue parlée, le passé composé exprime une action terminée dans un espace de temps qui n'est pas encore achevé:

Aujourd'hui j'**ai écrit** une lettre. (La journée n'est pas encore achevée.)
Cette semaine ma sœur **a étudié** l'espagnol.
Au XXe siècle, les colonies françaises **sont devenues** indépendantes.

(Voir 8-C, p. 16.)

C. Comme le passé simple, le passé composé s'emploie pour indiquer une action qui ne se produit plus, mais qui a été habituelle pendant une période de temps bien définie (voir 8-E, p. 16):

Pendant trois semaines, il n'**a mangé** que du pain sec.
Il **a plu** souvent pendant que nous étions à Paris.
Entre 1941 et 1944, la France occupée **a été bombardée** par l'aviation alliée.

D. Si le passé simple est un temps littéraire, le passé composé est le temps de la conversation. Comparer:

STYLE DE LA CONVERSATION
Jean-Paul Sartre **est né** à Paris en 1905. Il **est entré** à l'École Normale Supérieure en 1928. Il **a enseigné** la philosophie au Havre, et **a joué** un rôle important dans la Résistance.

STYLE LITTÉRAIRE
Jean-Paul Sartre **naquit** à Paris en 1905. Il **entra** à l'École Normale Supérieure en 1928. Il **enseigna** la philosophie au Havre, et **joua** un rôle important dans la Résistance.

En fait, il est souvent possible d'employer alternativement le passé simple et le passé composé:

Jean-Paul Sartre naquit à Paris en 1905. Il **est entré** à l'École Normale Supérieure et **a enseigné** la philosophie. Il joua un rôle important dans la Résistance. Il **a écrit** des romans et des pièces de théâtre.

E. Après **si** conditionnel, le passé composé remplace le futur antérieur (voir Diff. de trad. 1, p. 10):

Si mon amie **n'a pas passé** son examen en juin, elle n'ira pas en Espagne.
Si vous **avez fini** dans une heure, je vous donnerai cinq francs.

Familièrement, le passé composé peut d'ailleurs remplacer le futur antérieur :

J'**ai fini** dans cinq minutes.

Difficultés de traduction

1. Le passé composé se traduit en anglais par le ***present perfect*** ou par le ***past*** :

J'**ai écrit** une lettre.

$I \begin{Bmatrix} \textit{\textbf{wrote}} \\ \textit{\textbf{did write}} \\ \textit{\textbf{have written}} \end{Bmatrix} \textit{a letter.}$

[10] LE PLUS-QUE-PARFAIT DE L'INDICATIF

A. Lorsqu'on emploie le plus-que-parfait, on décrit des actions qui étaient déjà terminées à un moment du passé :

La campagne était toute blanche parce qu'il **avait neigé** toute la nuit.
Quand Victor Hugo s'est exilé, il **avait** déjà **publié** plusieurs livres.
Pierre gagna la course puisque personne n'**était arrivé** avant lui.
La presse a annoncé hier que les accords financiers **avaient été signés** la semaine précédente.

B. Le plus-que-parfait exprime une action habituelle qui précède chronologiquement une autre action habituelle dans le passé :

Quand elles **avaient fini** de manger, elles allaient se promener.
Lorsque son patron **était parti**, le valet de chambre fumait ses cigares.

C. Soit dans une proposition principale, soit dans une subordonnée, le plus-que-parfait peut exprimer la possibilité dans le passé :

Encore une semaine sans pluie, et les paysans **avaient perdu** leurs récoltes.
Vous auriez de bonnes notes si vous **aviez étudié**.

D. Après **si**, le plus-que-parfait peut exprimer le regret :

Si j'**avais été** riche !
Si seulement j'**avais pu** aller en France !
Si tu **étais arrivé** à temps !

(Comparer à 7-G, p. 14.)

E. L'expression **venir de** (à l'imparfait) + **infinitif** exprime un plus-que-parfait immédiat :

Le concert **venait de finir** quand nous sommes arrivés.
Quand le prisonnier se réveilla, le soleil **venait de se lever**.

Difficultés de traduction

1. Le plus-que-parfait traduit le *pluperfect* anglais :

   *It **had rained** all morning.*
   Il **avait plu** toute la matinée.

2. L'anglais parlé substitue parfois un *past* à un *pluperfect*. Cela est impossible en français :

   The police wanted to know who $\begin{Bmatrix} saw \\ had\ seen \end{Bmatrix}$ *the thief.*
   La police voulait savoir qui **avait vu** le voleur.

[11] LE PASSÉ ANTÉRIEUR ET LE PASSÉ SURCOMPOSÉ

A. Le passé antérieur est formé par le verbe auxiliaire au passé simple + le participe passé : **ils furent arrivés; elle eut écrit.** Le passé surcomposé est formé par le verbe auxiliaire au passé composé + le participe passé : **ils ont été arrivés; elle a eu écrit.**

Comme le plus-que-parfait, ils expriment une action passée qui s'est produite avant une autre action passée. Ils s'emploient surtout dans des propositions subordonnées après les conjonctions **quand, lorsque, après que, dès que, à peine,** qui marquent l'antériorité immédiate.

L'étudiant rencontrera rarement ces deux temps, qui ont tendance à tomber en désuétude. Il est plus important de savoir les reconnaître que de savoir les utiliser.

B. Le passé antérieur est un temps littéraire, et s'emploie donc généralement avec un passé simple, pour rester dans le style de la langue écrite :

Quand il **eut fini**, il partit.
Lorsqu'elle **fut arrivée**, la fête commença.
Aussitôt que je me **fus senti** mieux, l'infirmière me renvoya chez moi.
Dès qu'ils **furent morts**, on les enterra.
A peine **eut-il fini** qu'elles partirent.[1]

Dans les exemples qui précèdent, on peut remplacer le passé antérieur par le passé simple, l'antériorité étant suffisamment marquée par la conjonction :

Quand il **finit**, il partit.
Lorsqu'elle **arriva**, la fête commença.
Aussitôt que je me **sentis** mieux, l'infirmière me renvoya chez moi.
Dès qu'ils **moururent**, on les enterra.
A peine **finit-il** qu'elles partirent.

C. Le passé surcomposé appartient au français parlé, et s'emploie donc généralement avec un passé composé, pour rester dans le style de la langue parlée :

Quand il **a eu fini**, il est parti.
Lorsqu'elle **a été arrivée**, la fête a commencé.
Aussitôt que je m'**ai été senti** mieux, l'infirmière m'a renvoyé chez moi.
Dès qu'ils **ont été morts**, on les a enterrés.
A peine **a-t-il eu fini** qu'elles sont parties.

Dans les exemples qui précèdent, on peut remplacer le passé surcomposé par le passé composé, l'antériorité étant suffisamment marquée par la conjonction :

Quand il **a fini**, il est parti.
Lorsqu'elle **est arrivée**, la fête a commencé.
Aussitôt que je me **suis senti** mieux, l'infirmière m'a renvoyé chez moi.
Dès qu'ils **sont morts**, on les a enterrés.
A peine **a-t-il fini** qu'elles sont parties.

(Voir 13-D, p. 26.)

---

[1] L'adverbe **à peine** exige toujours l'inversion du verbe et du sujet lorsqu'il est placé au début de la phrase :

A peine **a-t-elle été partie** que sa sœur est arrivée.
A peine **a-t-il ouvert** la porte qu'il s'est mis à pleuvoir.
A peine **eut-il fini** qu'elles partirent.
Mais : Vous **étiez** à peine **parti** que le téléphone a sonné.

Difficultés de traduction

1. Le passé antérieur et le passé surcomposé se traduisent en anglais par le *pluperfect*:

Quand il **eut fini,** il partit.
*When he **had finished**, he left.*

Après que nous **avons eu mangé,** nous sommes partis.
*After we **had eaten**, we left.*

TROISIÈME LEÇON

✣ *Partie A*

[12] LES VERBES PRONOMINAUX ET RÉCIPROQUES

A. Le sujet d'un verbe pronominal agit, directement ou indirecte-
ment, sur lui-même. Ainsi, tout verbe ayant pour complément
d'objet direct ou indirect un pronom réfléchi est un verbe
pronominal.

Nous **nous** sommes lavés. (**nous**, objet direct)
Nous **nous** sommes lavé les mains. (**nous**, objet indirect; **les mains**,
objet direct)

B. Presque tous les verbes transitifs peuvent devenir pronominaux
par l'usage du pronom réfléchi:

Je regarde Marie.   Je **me** regarde.
Il achètera un livre.   Il **s'**achètera un livre.

C. Certains verbes changent de sens lorsqu'ils deviennent pronominaux (voir Diff. de trad. 3, p. 25).

D. Un verbe pronominal se conjugue toujours avec l'auxiliaire **être**.
Il n'y a pas d'exceptions à cette règle:

J'ai regardé l'eau.   Je **me suis** regardé dans l'eau.
Il a acheté un livre.   Il **s'est** acheté un livre.
Nous avons demandé qui   Nous **nous sommes** demandé qui
frappait.   frappait.

E. On remplace parfois une forme passive par une forme pronominale, surtout lorsque l'action indiquée par le verbe est une
action normale, habituelle (voir 14-F, p. 31):

Le vin est utilisé dans la cuisine.
Le vin **s'utilise** dans la cuisine.

F. Un verbe réciproque (ou plus exactement un verbe pronominal à sens réciproque) indique que deux ou plusieurs sujets agissent l'un sur l'autre, et non pas sur eux-mêmes :

Mon frère et sa fiancée **s'écrivent** souvent. (Mon frère écrit à sa fiancée et sa fiancée écrit à mon frère.)
Les Français et les Italiens **se respectent.**
Les représentants du syndicat et ceux de la direction **se sont rencontrés** pour essayer d'éviter la grève.

G. L'idée de réciprocité est souvent renforcée par les locutions **l'un l'autre, les uns les autres,** ou par l'adverbe **mutuellement** :

Les Français et les Italiens se respectent **les uns les autres (mutuellement).**
Aidons-nous **les uns les autres (mutuellement).**

Quand le verbe exige un complément d'objet indirect, ces locutions exigent la préposition qui convient : **l'un à l'autre, les uns aux autres, l'un avec l'autre, les uns avec les autres,** etc. :

Mon frère et sa fiancée s'écrivent souvent **l'un à l'autre.**
Pierre et Marie se promènent souvent **l'un avec l'autre.**

Ces locutions permettent d'éviter des ambiguïtés possibles. Ainsi dans la phrase "Ils se sont regardés," le verbe peut être pronominal (*they looked at themselves*) ou réciproque (*they looked at each other, at one another*). Pour qu'il prenne un sens clairement réciproque, on peut ajouter **les uns les autres** ou **mutuellement.** Pour qu'il prenne un sens clairement pronominal, on peut ajouter **chacun** :

Elles se sont **chacune** regardée dans une autre glace.
Ils se sont **chacun** dit que cette situation ne pouvait pas durer.

Difficultés de traduction

1. La plupart des verbes pronominaux se traduisent en anglais au moyen des *reflexive pronouns* :

Il **s'achète** un livre.   Nous **nous sommes** lavés.
He buys himself a book.   *We washed ourselves.*

2. Les verbes français pronominaux à sens réciproque se traduisent en anglais grâce aux locutions *each other* et *one another* :

Mon frère et sa fiancée **s'écrivent** souvent.
*My brother and his fiancée write **each other** (**one another**) often.*

Les Français et les Italiens **se respectent**.
*The French and the Italians respect **each other** (**one another**).*

3. Certains verbes changent de sens en devenant pronominaux :

amuser	*to amuse*	s'amuser	*to have a good time*
appeler	*to call*	s'appeler	*to be named*
attendre	*to wait for*	s'attendre (à)	*to expect*
demander	*to ask (for)*	se demander	*to wonder*
douter (de)	*to doubt*	se douter (de)	*to suspect*
élever	*to raise*	s'élever	*to rise*
jeter	*to throw*	se jeter	*to empty (of a river)*
lever	*to raise up*	se lever	*to get up (arise)*
mettre	*to put*	se mettre (à)	*to begin*
passer	*to pass*	se passer (de)	*to do without*
plaindre	*to pity*	se plaindre	*to complain*
porter	*to carry, wear*	se porter	*to be (of health)*
rappeler	*to call back*	se rappeler	*to remember*
retourner	*to return, turn around* (trans.)	se retourner	*to turn around*
trompe	*to deceive*	se tromper	*to be mistaken*
trouver	*to find*	se trouver	*to be situated*

[13] LE PARTICIPE PASSÉ

A. Le participe passé est souvent employé comme un adjectif, qui s'accorde en genre et en nombre avec le nom auquel il se rapporte. Dans ce cas, le participe passé suit le nom :

un général **vaincu**
une ville **entourée**
des villages **détruits**
des petites filles **gâtées**

B. Le participe passé employé comme adjectif peut avoir un sens passif, et donc un complément d'agent (voir 14-B, p. 30) :

un général **vaincu** par l'ennemi
une ville **entourée** de fortifications
des villages **détruits** par les bombes
des petites filles **gâtées** par leurs parents

C. Le participe passé a formé un grand nombre de noms :

un **associé**, un **reçu**, un **permis**, une **étendue**, une **conduite**, etc.

D. Quand une proposition principale est postérieure dans le temps à une proposition subordonnée, le verbe auxiliaire est fréquemment omis :

Le repas **fini**, les invités sont partis. (D'abord le repas a été terminé, ensuite les invités sont partis.)
La paix **signée**, les restrictions cessèrent.

E. Le participe passé conjugué avec **être** :[1]

1. S'accorde avec le sujet :

Ma sœur est **venue**.
Les maisons furent **construites**.

2. Mais si le verbe est pronominal, le participe passé s'accorde avec le complément d'objet direct, s'il précède le verbe ; autrement, il reste invariable :

---

[1] Les verbes qui se conjuguent avec l'auxiliaire **être** sont :

a. Les verbes au passif.

b. Les verbes intransitifs suivants :

accourir	*to come running*	partir	*to leave*
aller	*to go*	rentrer	*to go (come) back*
arriver	*to arrive*	rester	*to stay*
descendre	*to go down*	retourner	*to go back*
entrer	*to enter*	sortir	*to go out*
monter	*to go up*	tomber	*to fall*
mourir	*to die*	venir	*to come*
naître	*to be born*		

On peut remarquer que ces verbes indiquent la direction d'un mouvement, sans le décrire.

c. Les verbes pronominaux.

Elle s'est **lavée**. (**Se**, complément d'objet direct, précède le verbe, donc accord.)

Elle s'est **lavé** la tête. (**Tête**, complément d'objet direct, suit le verbe; le participe reste donc invariable. **Se** est le complément d'objet indirect.)

Nous nous sommes **demandé** qui frappait. (**Qui frappait**, complément d'objet direct, suit le verbe; le participe reste donc invariable. **Nous** est le complément d'objet indirect.)

Elles se sont **coupées**.

Elles se sont **coupé** les cheveux.

Les blessures qu'ils se sont **faites** n'étaient pas graves.

Je me suis **fait** une blessure.

F. Le participe passé conjugué avec **avoir**:

1. S'accorde avec le complément d'objet direct si celui-ci précède le verbe:

La lettre que j'ai **écrite**, je l'ai **mise** à la poste.

La maison qu'ils ont **construite** est à nous.

2. Autrement, il reste invariable:

J'ai **écrit** tout de suite à ma sœur. (Pas de complément d'objet direct.)

J'ai **écrit** une lettre à ma sœur. (Le complément d'objet direct, **une lettre**, suit le verbe.)

G. Le participe passé conjugué avec **avoir** et suivi d'un infinitif complément d'objet reste invariable:

La voiture que j'ai **fait** réparer est au garage. (**Réparer** est le complément d'objet de **faire**, qui reste invariable.)

Les pommes qu'elle a **voulu** manger étaient vertes.

Les poésies que nous avons **dû** apprendre étaient de Hugo.

Les sources d'énergie que la France a **pu** exploiter jusqu'ici sont insuffisantes.

H. Il est dans tous les cas permis de laisser invariable un participe passé suivi d'un infinitif. Mais le français fait souvent une distinction selon que l'infinitif a ou n'a pas un sujet. Par exemple, les verbes **voir**, **entendre**, **laisser**, etc., peuvent être suivis d'un infinitif qui, lui aussi, a un sujet:

La dame que j'ai **vue danser** est belle. (Qui danse? **La dame**, donc dame est sujet de l'infinitif **danser**.)

Si ce sujet précède le participe passé, celui-ci s'accorde avec lui. La difficulté est de distinguer si l'infinitif a un sujet ou s'il a un complément d'objet direct. Étudier attentivement les exemples ci-dessous:

La dame que j'ai **vue** danser est belle. (**La dame**, sujet de **danser**, précède le participe passé qui, donc, s'accorde.)

Les ballets que j'ai **vu** danser étaient beaux. (Qui danse? Ce n'est pas dit, donc **danser** n'a pas de sujet. Danser quoi? Les ballets. **Ballets** est donc complément d'objet direct de **danser**. Le participe passé reste invariable.)

Les chanteuses que nous avons **entendues** chanter étaient françaises.

Les chansons que nous avons **entendu** chanter étaient françaises.

Remarquer que, pour qu'il y ait accord, le sujet de l'infinitif doit précéder le participe passé:

Les ballets que j'ai **vu** les paysannes danser étaient beaux. (**Paysannes** est bien le sujet de **danser**, mais, comme ce sujet suit le participe passé, celui-ci reste invariable.)

I. Le participe passé ne s'accorde ni avec **en**, ni avec **dont**. L'accord avec **combien** est facultatif:

Combien d'aspirines avez-vous **pris** (ou **prises**)? J'en ai **pris** deux.

Les liqueurs dont nous avons **bu** étaient excellentes.

J. Le participe passé d'un verbe impersonnel reste invariable:

La chaleur qu'il a **fait** hier a battu tous les records.

Vous n'imaginez pas la patience qu'il m'a **fallu** pour résoudre ce problème.

Toute l'eau qu'il a **plu** n'a pas suffi à faire pousser l'herbe.

K. Les participes passés **excepté, vu, y compris, passé**, employés comme prépositions, restent invariables:

Tous les pays ont signé le traité, **excepté** la Norvège. (... *Norway excepted*)

Le premier ministre a interrompu ses vacances, **vu** la crise politique. (... *owing to* ...)

Tous les stupéfiants, la morphine **y compris**, sont extrêmement dangereux. (... *morphine included* ...)

Passé six heures, le magasin est fermé. (*After six o'clock* ...)

Difficultés de traduction

1. Dans une proposition dont l'auxiliaire est omis, cet auxiliaire sous-entendu peut se traduire par *having been* + *past participle* ou par *having* + *past participle*, selon le cas:

Le repas **fini**, les invités partirent.
*The dinner **having been finished**, the guests left.*

Le traité de paix **signé**, les soldats sont rentrés chez eux.
*The peace treaty **having been signed**, the soldiers returned home.*

Une fois **arrivé**, il attendit.
*Once **having arrived**, he waited.*

Son tour **venu**, il prit la parole.
*His turn **having come**, he took the floor.*

2. Certains verbes se conjuguent soit avec l'auxiliaire **être** (s'ils n'ont pas de complément d'objet), soit avec l'auxiliaire **avoir** (s'ils ont un complément d'objet). Comparer:

   a. Je **suis** monté au troisième étage. (pas de complément d'objet)
   I went up to the third floor.

   J'**ai** monté une valise. (valise, complément d'objet)
   I carried a suitcase up.

   J'**ai** monté l'escalier.
   I went up (I climbed) the stairs.

   b. Je **suis** descendu du troisième étage.
   I came down from the third floor.

   J'**ai** descendu une valise.
   I carried a suitcase down.

   J'**ai** descendu l'escalier.
   I came down the stairs.

   c. Je **suis** retourné en France.
   I went back to (I returned to) France.

   J'**ai** retourné le tableau.
   I turned the painting around.

   d. Je **suis** rentré à la maison.
   I returned home.

   J'**ai** rentré le paquet.
   I carried in the package.

e. Il **a** passé la frontière.
He crossed the border.

Il m'**a** passé ses notes.
He passed me his notes.

Est-ce que le facteur **est** passé ce matin ?
Did the mailman come by this morning?

❦ *Partie B*

[14] LE PASSIF ET COMMENT L'ÉVITER

A. Un verbe est au passif quand son sujet n'agit pas, mais subit l'action. Dans ce cas, l'action est faite par le complément d'agent :

> Le garçon (sujet) **est puni** par son père (complément d'agent).
> Le malade **a été guéri** par les antibiotiques.

B. Le complément d'agent est généralement introduit par la préposition **par**. Quand il ne s'agit pas d'une action mais d'une situation statique, le complément d'agent est introduit par la préposition **de**. Ainsi on dira de préférence :

> La ville est entourée **par** l'ennemi. (Puisqu'il y a action.)
> La ville est entourée **de** montagnes. (Puisque c'est une situation statique.)
> Cette maison a été construite **par** mes ancêtres. (action)
> Ce garçon est estimé **de** (**par**) ses amis. (situation statique ou action)
> La terre est couverte **de** neige. (situation statique)

C. Le passif se forme avec le verbe **être** plus le participe passé, qui s'accorde avec le sujet :

> La jeune fille **est punie** par son père.
> La discrimination raciale **est interdite** par la loi.

Quand l'auxiliaire **être** du passif est lui-même composé, c'est toujours le participe passé du passif (et non de l'auxiliaire **être**) qui s'accorde avec le sujet :

La jeune fille **a été punie** par son père.

Les roses **auront été coupées** par le jardinier.

Les dames **avaient été accompagnées** de (par) leurs frères.

D. Le français, surtout de nos jours, peut éviter le passif, soit pour des raisons stylistiques, soit pour éviter une ambiguïté. Ainsi par exemple, la phrase

Ces livres sont vendus aux étudiants

est ambiguë; elle peut vouloir dire que l'action de vendre est terminée, que ces livres ne sont plus en vente parce qu'ils ont déjà été tous achetés par les étudiants; elle peut aussi vouloir dire que ces livres sont destinés aux étudiants plutôt qu'à d'autres acheteurs.

Bien entendu, si le complément d'agent est exprimé, l'ambiguïté disparaît:

Ces livres sont vendus aux étudiants par le libraire

est, sans aucun doute, une forme passive.

E. Lorsque le complément d'agent est exprimé, la seule façon d'éviter le passif, si on le désire, est de transformer la phrase passive en une phrase active. Le complément d'agent devient alors le sujet:

Les roses **auront été coupées** par le jardinier

devient: Le jardinier **aura coupé** les roses.

Ces livres **sont vendus** aux étudiants par le libraire

devient: Le libraire **vend** ces livres aux étudiants.

F. Lorsque le complément d'agent n'est pas exprimé, deux cas se présentent:

1. Le sujet n'est pas une personne. Dans ce cas, on peut remplacer le passif par **on + verbe actif**, ou par un verbe pronominal. Ainsi, l'on peut dire:

Le français **est parlé** ici.

ou: **On parle** français ici.

ou: Le français **se parle** ici.

Le gaz **est utilisé** pour faire la cuisine.
ou: **On utilise** le gaz pour faire la cuisine.
ou: Le gaz **s'utilise** pour faire la cuisine.

2. Le sujet est une personne. Dans ce cas on peut remplacer le passif par **on + verbe actif** (mais non pas par un verbe pronominal):

J'ai été battu: On **m'a battu**.
Les prisonniers **seront libérés**: On **libèrera** les prisonniers.

3. Du point de vue stylistique, ces deux possibilités ne sont pas toujours interchangeables. On a tendance à employer le verbe pronominal lorsqu'il s'agit d'une action normale, habituelle, tandis que la forme **on + verbe actif** s'emploie plutôt pour parler d'un fait qui ne va pas nécessairement de soi:

Le français **se parle** dans tous les continents. (Ceci est un fait que l'on suppose connu de tout le monde.)
On parle francais dans certaines parties de la Louisiane. (Beaucoup de gens ignorent ce fait.)

Le poisson ne **se mange** généralement pas cru. (fait connu)
Au Japon, **on mange** souvent le poisson cru. (fait peu connu)

Difficultés de traduction

1. La préposition **par**, qui introduit le complément d'agent, se traduit en anglais par *by*:

Le garçon est puni **par** son père.
*The boy is punished **by** his father.*

La ville est entourée **par** l'ennemi.
*The city is surrounded **by** the enemy.*

La préposition **de**, qui introduit le complément d'agent, se traduit parfois par *by*, parfois par *with*:

La terre est couverte **de** neige.
*The ground is covered **with** snow.*

La ville est entourée **de** montagnes.
*The city is surrounded **by** mountains.*

2. L'anglais possède ce qu'on pourrait appeler un **faux passif** : un complément d'objet indirect (et non pas direct) est employé comme sujet du passif :

My brother was lent several detective stories. (My brother was not lent to anyone; something was lent to him.)

Dans ce cas, il faut remplacer ce **faux passif** par un "vrai passif" avant de traduire :

Several detective stories were lent to my brother.
⎰Plusieurs romans policiers ont été prêtés à mon frère.
⎱On a prêté plusieurs romans policiers à mon frère.

The deserters were promised amnesty
devient : *Amnesty was promised to the deserters.*
⎰L'amnistie a été promise aux déserteurs.
⎱On a promis l'amnistie aux déserteurs.

La même chose se produit lorsqu'un verbe, transitif en anglais, est intransitif en français :

The letter was answered.

Mais le français dit **répondre à**, donc :

On a répondu à la lettre.

[15] **CONCORDANCE DES TEMPS**

    A.   Les rapports qui peuvent exister entre le temps d'une proposition principale et celui d'une proposition subordonnée sont d'une grande variété. Nous n'en donnons ici que les plus fréquents. Les rapports de temps illustrés ci-dessous sont ceux où les verbes des propositions principales sont à l'indicatif ou au conditionnel. Pour comprendre les différents emplois des verbes subordonnés, l'étudiant peut se reporter aux chapitres qui leur correspondent. On remarquera que la concordance des temps en français diffère peu de la concordance des temps en anglais.

    B.   Avec une principale au présent de l'indicatif :

          1.   Si l'action subordonnée est antérieure à l'action principale, la subordonnée peut être :

à l'imparfait :

Je déclare qu'il **travaillait**. (descriptive ou habituelle)

au passé simple :

Je déclare qu'il **travailla**. (action terminée, langue écrite)

au passé composé :

Je déclare qu'il **a travaillé**. (action terminée, langue parlée)

au plus-que-parfait :

Je déclare qu'il **avait travaillé** (avant d'aller jouer).

2. Si l'action subordonnée et l'action principale sont simultanées, la subordonnée est au présent :

Je déclare qu'il **travaille**.

3. Si l'action subordonnée est postérieure à l'action principale, la subordonnée peut être :

au futur :

Je déclare qu'il **travaillera** (demain).

au futur antérieur :

Je déclare qu'il **aura travaillé** (quand nous rentrerons).

C. Avec une principale à un temps passé de l'indicatif :

1. Si l'action subordonnée est antérieure à l'action principale, la subordonnée est au plus-que-parfait (quelquefois au passé antérieur ou surcomposé, voir 11, p. 19) :

Je déclarais
Je déclarai
J'ai déclaré
J'avais déclaré } (à 5 heures) qu'il **avait travaillé** de 3 heures à 4 heures.

2. Si l'action subordonnée et l'action principale sont simultanées, la subordonnée est à l'imparfait :

Je déclarais
Je déclarai
J'ai déclaré
J'avais déclaré } qu'il **travaillait**.

3. Si l'action subordonnée est postérieure à l'action principale, il y a deux possibilités :

    a. L'action subordonnée reste dans le passé. Dans ce cas la subordonnée est au futur simple dans le passé (présent du conditionnel, voir 5-C, p. 9), ou au futur antérieur dans le passé (passé du conditionnel, voir 6-C, p. 10) :

$$\left.\begin{array}{l}\text{Je déclarais}\\\text{Je déclarai}\\\text{J'ai déclaré}\\\text{J'avais déclaré}\end{array}\right\}\text{qu'il}\left\{\begin{array}{l}\textbf{travaillerait}\text{ (plus tard).}\\\textbf{aurait travaillé}\text{ (après notre départ).}\end{array}\right.$$

    b. L'action subordonnée déborde sur le présent ou le futur. La subordonnée est au présent ou au futur, selon le cas :

$$\left.\begin{array}{l}\text{Je déclarais}\\\text{Je déclarai}\\\text{J'ai déclaré}\\\text{J'avais déclaré}\end{array}\right\}\text{qu'il}\left\{\begin{array}{l}\textbf{travaille}\text{ (en ce moment).}\\\textbf{travaillera}\text{ (jusqu'à demain).}\end{array}\right.$$

D. Avec une principale à un temps futur de l'indicatif :

    1. Si l'action subordonnée est antérieure à l'action principale, la subordonnée peut être :

au passé simple :
Je déclarerai (aurai déclaré) qu'il **travailla.**

au passé composé :
Je déclarerai (aurai déclaré) qu'il **a travaillé.**

à l'imparfait :
Je déclarerai (aurai déclaré) qu'il **travaillait.**

au plus-que-parfait :
Je déclarerai (aurai déclaré) qu'il **avait travaillé.**

    2. Si l'action subordonnée est simultanée à l'action principale, la subordonnée est au présent :

Je déclarerai (aurai déclaré) qu'il **travaille.**

    3. Si l'action subordonnée est postérieure à l'action principale, la subordonnée est au futur ou au futur antérieur :

Je déclarerai (aurai déclaré) qu'il **travaillera** (demain).
Je déclarerai (aurai déclaré) qu'il **aura travaillé** (quand nous rentrerons).

E. Noter que l'on emploie le présent dans la subordonnée, quel que soit le temps de la principale, si la subordonnée a une valeur générale ou habituelle:

Je déclare
Je déclarais
Je déclarerai $\Big\}$ que la colère **est** un péché.
J'avais déclaré
etc.

F. Lorsqu'une principale et une subordonnée à l'indicatif ont le même sujet, on remplacera généralement la subordonnée par une proposition infinitive (voir 22-C, p. 57):

Nous croyons avoir trouvé la réponse.
Nous avions cru trouver la réponse.

Il dit avoir compris le problème.
Il voulait comprendre le problème.

QUATRIEME LEÇON

🕸 *Partie A*

[16] **LE SUBJONCTIF DANS LES PROPOSITIONS INDÉPENDANTES**

Dans les propositions indépendantes, le subjonctif exprime le souhait, et est parfois introduit par **que**:

Que Votre Volonté **soit** faite.
Vive la France!
Meurent les traîtres!

Cet usage est rare. On peut considérer que les propositions de ce genre sont en réalité des propositions subordonnées, dont la principale est sous-entendue:

Je désire que ⎫
Je souhaite que ⎪ Votre Volonté **soit** faite.
Nous désirons que ⎬ **vive** la France.
Il est souhaitable que ⎭ **meurent** les traîtres.

On sait que le subjonctif sert d'impératif à la troisième personne (voir 2-D, p. 5). Cela est compréhensible, car l'ordre et le souhait sont très proches l'un de l'autre. Seul le contexte permet de savoir si l'expression **Que meurent les traîtres** exprime un désir ou un commandement.

Difficultés de traduction

1. Les propositions indépendantes au subjonctif deviennent souvent des expressions idiomatiques. Ainsi:

Soit! (Indique l'assentiment.) *So be it!*
Ainsi **soit**-il. (Se dit à la fin d'une prière.) *Amen.*
A Dieu ne **plaise**! *God forbid!*
Qu'à cela ne **tienne**. *Don't let that stand in the way. Never mind.*
Vive le roi! *Long live the king!*

37

LE SUBJONCTIF DANS LES PROPOSITIONS SUBORDONNÉES SUBSTANTIVES

A. Une proposition subordonnée substantive joue le rôle d'un substantif. Elle est introduite par **que** et sert de sujet ou de complément d'objet au verbe :

et le subjonctif

Que tous les citoyens ont les mêmes droits est un principe fondamental des régimes démocratiques. (sujet d'**être**)

Le président a déclaré **que la situation était grave.** (complément d'objet de **déclarer**)

Que vous puissiez réussir ne semble pas probable. (sujet de **sembler**)

L'avocat souhaite **que son client soit acquitté.**   (complément d'objet de **souhaiter**)

On voit que le mode de ces propositions subordonnées substantives est déterminé par le verbe de la proposition principale (**être** et **déclarer** déterminent l'indicatif; **sembler** et **souhaiter** déterminent le subjonctif). La subordonnée est au subjonctif lorsque le verbe de la principale exprime une attitude subjective telle que :

1. L'émotion :

    Elle est contente que tu ne **sois** plus malade.
    Que mon roman vous **ait plu** me fait bien plaisir.
    Ils sont furieux que vous ne leur **ayez** pas **répondu.**
    J'ai peur que vous ne[1] **manquiez** le train.

2. Le jugement :

    Il est regrettable que vous **soyez** en retard.
    Il est temps que ce scandale **finisse.**
    Il n'est pas juste que cet homme **ait été condamné.**

3. L'ordre ou la défense, le souhait ou le regret :

    Je veux qu'il **vienne** avec nous. (ordre)
    J'ordonne que tout **soit** prêt demain. (ordre)

---

[1] Avec une expression de crainte, le **ne** explétif est obligatoire :

Je crains⎫
J'ai peur⎭ qu'elle **ne** soit malade.

Je défends que vous **sortiez**. (défense)
Je ne veux pas que vous **parliez**. (défense)

Je désire qu'il **vienne** avec nous. (souhait)
Je prie le ciel que vous **réussissiez**. (souhait)

Je regrette que vous **sortiez**. (regret)
Je suis désolé que vous n'**ayez** pas **réussi**. (regret)

Le verbe **espérer**, bien qu'exprimant le souhait, suit les mêmes règles que les verbes de pensée (voir 17-C-2, p. 40):

Elle espère que cela **est** vrai.
Elle n'espère pas que cela **soit** vrai.
Espère-t-elle que cela **soit** vrai?

4. Le doute, la possibilité, l'impossibilité, l'improbabilité:

Je ne crois pas qu'il **vienne**. (doute)
Je doute qu'il le **sache**. (doute)

Est-il possible qu'elle **dise** la vérité? (possibilité)
Il se peut qu'elle **soit** malade. (possibilité)

Il est impossible qu'elle **vienne**. (impossibilité)
Il est improbable qu'elle **soit** malade. (improbabilité)

Mais la subordonnée est à l'indicatif quand le verbe de la principale exprime la probabilité:

Il est probable qu'elle **est** malade.

B. Une proposition subordonnée substantive au subjonctif qui suit la préposition **à** de certaines expressions idiomatiques est introduite par **ce que**:

Je m'oppose à **ce que** vous **sortiez**. (*to be opposed to ...*)
Il s'attend à **ce qu'**elle **revienne**. (*to expect...*)
Nous tenons à **ce que** vous **sachiez** cela. (*to insist...*)

C. Il n'est pas toujours facile de savoir si le français considère que la proposition principale indique une attitude subjective et donc exige le subjonctif. Ainsi:

1. Quand le verbe de la principale exprime une déclaration (verbes **dire, raconter, affirmer, déclarer, annoncer**, etc.):

a. Si le verbe est à l'affirmatif, la subordonnée est à l'indicatif:

Il déclare que cela **est** vrai.
Il a dit que cela **était** vrai.
Il affirmera que cela **est** vrai.

b. Si le verbe est au négatif, la subordonnée est généralement au subjonctif:

Il ne déclare pas que cela **soit** vrai.
Il n'a pas dit que cela **ait été** vrai.
Il n'affirmera pas que cela **soit** vrai.

c. Si le verbe est à l'interrogatif (affirmatif et négatif), la subordonnée est à l'indicatif:

Dit-il (ne dit-il pas)
Affirme-t-il (n'affirme-t-il pas) } que cela **est** vrai?

2. Quand le verbe de la principale exprime une pensée (verbes **croire, penser, supposer, deviner, s'imaginer, être sûr,** etc.):

a. Si le verbe est à l'affirmatif, la subordonnée est à l'indicatif:

Elle croit que cela **est** vrai.
Elle pensait que cela **était** vrai.
Elle est sûre que cela **est** vrai.

b. Si le verbe est au négatif ou à l'interrogatif, un élément de doute est introduit, et la subordonnée est donc généralement[1] au subjonctif:

---

[1] Certaines propositions principales exprimant une pensée à l'interrogatif ou au négatif peuvent être quand même suivies d'une subordonnée à l'indicatif. L'indicatif indique une certitude, ou tout au moins une probabilité. Le subjonctif indique un doute, ou tout au moins une possibilité. La nuance est importante. Comparer:

Croyez-vous que cela **est** vrai?

Cela équivaut à dire: "Cela est vrai. Le croyez-vous?" En d'autres termes, celui qui parle postule une vérité dans la subordonnée. Une personne croyante dira: "Croyez-vous que Dieu est tout-puissant?"

Croyez-vous que cela **soit** vrai?

Ici, au contraire, celui qui parle demande une opinion sur un fait qu'il ne postule pas

$$\left.\begin{array}{l}\text{Elle ne croit pas}\\\text{Elle ne pense pas}\\\text{Elle n'est pas sûre}\end{array}\right\}\text{ que cela \textbf{soit} vrai.}$$

$$\left.\begin{array}{l}\text{Croit-elle (ne croit-elle pas)}\\\text{Pense-t-elle (ne pense-t-elle pas)}\\\text{Est-elle sûre (n'est-elle pas sûre)}\end{array}\right\}\text{ que cela \textbf{soit} vrai ?}$$

D. Quand une proposition subordonnée substantive au subjonctif a le même sujet que la proposition principale, cette subordonnée est généralement remplacée par une proposition infinitive :

Elle [Marie] est désolée qu'elle [Marthe] ne **soit** pas ici.
Mais : Elle est désolée de ne pas **être** ici.

J'ai peur que vous ne **manquiez** le train.
Mais : J'ai peur de **manquer** le train.

Nous sommes contents que vous **ayez réussi.**
Mais : Nous sommes contents d'**avoir réussi.**

Je ne veux pas que vous **parliez.**
Mais : Vous ne voulez pas **parler.**

Est-ce qu'ils tiennent à ce que vous **rentriez** en France ?
Mais : Est-ce que vous tenez à **rentrer** en France ?

Quand un verbe impersonnel tel que **il faut, il est temps, il vaut mieux, il est possible,** etc., qui exige normalement un subjonctif ne se réfère pas à un sujet déterminé, l'infinitif remplace le subjonctif :

Il faut que vous **partiez.** (**vous,** sujet déterminé)
Mais : Il faut **partir.**

---

comme une vérité absolue. La même personne croyante demandera : "Croyez-vous que Dieu **soit** injuste ?"

Souvent, celui qui parle emploie le subjonctif quand il s'attend à une réponse négative :

—Croyez-vous que mon fils **soit** un imbécile ?
—**Non,** mais je crois qu'il **est** paresseux.
—Pensez-vous qu'il **réussira** tout de même à son examen ?
—**Oui,** mais il n'aura pas une bonne note.

Il est dans évident que, dans la majorité des cas, les règles indiquees à C-2-b, p. 40, s'appliquent.

Il est temps que ce scandale **finisse**. (**ce scandale**, sujet déterminé)

Mais : Il est temps de **finir** ce scandale.

Il vaut mieux que vous **lisiez** à haute voix.

Mais : Il vaut mieux **lire** à haute voix.

Il est possible que nous **achetions** ce livre.

Mais : Il est possible d'**acheter** ce livre.

Difficultés de traduction

1. Les verbes ci-dessous, indiquant l'ordre, la défense et la permission, sont rarement suivis d'une proposition subordonnée au subjonctif. Celle-ci est remplacée par un complément d'objet indirect (généralement introduit par **à**), suivi d'un infinitif (introduit par **de**) :

ordonner		to order	
commander		to command	
demander		to ask	
écrire	à quelqu'un **de**	to write	someone to do
défendre	faire quelque chose	to forbid	something
conseiller		to advise	
dire		to tell	
permettre		to allow	

Le père **ordonne à** son fils **de** venir.
Le capitaine **a commandé à** ses troupes **de** prendre leurs armes.
Le gouvernement **demande à** la population **de** garder le calme.
J'**écrirai à** mes parents **de** m'envoyer de l'argent.
La maladie **lui** (complément d'objet indirect) **défend de** sortir.
Il **m'** (complément d'objet indirect) **a conseillé de** me taire.
Avez-vous **dit aux** enfants **de** manger ?
La Constitution ne **permet** pas **au** Président **d'**être réélu.

L'emploi du subjonctif avec les verbes ci-dessus est rare. Ils prennent alors une nuance impérative très forte :

Le père **ordonne** que son fils **vienne**.
La Constitution ne **permet** pas que le Président **soit** réélu.
Le capitaine a commandé que ses troupes **prennent** leurs armes.

2. Les verbes ci-dessous remplacent généralement le subjonctif de la subordonnée par un complément d'objet direct + **de** + infinitif :

Empêcher quelqu'un **de** faire quelque chose (*to prevent someone from doing something*):
La chaleur les (complément d'objet direct) **empêche de** travailler.

Persuader quelqu'un **de** faire quelque chose (*to convince someone to do something*):
Mon père le **persuade de** venir.

3. Excepté dans les cas traités aux nos. 1 et 2, une *infinitive construction* anglaise ayant un nom ou un pronom pour sujet se traduit en français par une proposition subordonnée nominale:

> *I want Pierre to do it.*
> Je veux que Pierre le fasse.
>
> *We want everyone to know it.*
> Nous voulons que tout le monde le sache.

Mais: *I order Pierre to do it.*
J'ordonne à Pierre de le faire.

(Voir Diff. de trad. 1, p. 42.)

❧ *Partie B*

[18] LE SUBJONCTIF APRÈS CERTAINES CONJONCTIONS

A. Certaines conjonctions exigent toujours le subjonctif:

> Nous viendrons **quoique** (**bien que**) nous **soyons** fatigués. (quoique, bien que—*although*)
> Ils sonnent **pour que** nous **ouvrions** la porte. (pour que—*so that*)
> Ouvrez la porte **afin qu'**elle **puisse** entrer. (afin que—*so that*)
> Personne ne le saura **pourvu que** vous vous **taisiez**.
>   (pourvu que—*provided that*)
> Les négociations se sont déroulées **sans que** la presse l'**apprenne**.
>   (sans que—*without*)
> **Autant que** je **sache**, Balzac n'a pas écrit de poèmes. (autant que—*as far as*)
> **Non que** ce travail **soit** difficile, mais il est long. (non que—*not that*)
> **Soit qu'**elle **ait** sommeil, **soit qu'**il **soit** trop tard, elle refuse de nous accompagner. (soit que...soit que—*either because ... or because*)

Nous poursuivrons le combat **jusqu'à ce que** tous nos frères **soient** libres. (jusqu'à ce que—*until*)

B. Après les conjonctions **à moins que, avant que, de crainte que, de peur que,** le subjonctif est précédé d'un **ne** explétif. (Toutefois, surtout dans la langue parlée, l'emploi de ce **ne** explétif est facultatif):

Nous viendrons **à moins que** nous **ne** soyons fatigués. (à moins que—*unless*)

Fermez la fenêtre **avant qu'**il **ne** fasse trop chaud. (avant que—*before*)

Téléphonons-lui **de crainte qu'**il **ne** soit déjà sorti.

Téléphonons-lui **de peur qu'**il **ne** soit déjà sorti. (de crainte que, de peur que—*for fear that*)

Remarquer que si la conjonction **avant que** exige le subjonctif, **après que** exige l'indicatif:

Ils sont partis **avant que** nous ne **soyons** arrivés.

Ils sont partis **après que** nous $\begin{cases} \textbf{avons été} \text{ arrivés.} \\ \textbf{sommes} \text{ arrivés.} \end{cases}$

(Voir 11-C, p. 20.)

C. Quand le sujet d'une proposition subjonctive introduite par une conjonction est le même que celui de la proposition principale, on doit remplacer ce subjonctif par une proposition infinitive (comparer à 15-F, p. 36). Pour cela, il faut remplacer la conjonction par la préposition qui lui correspond:

CORRESPONDANCE ENTRE LES
CONJONCTIONS ET LES PRÉPOSITIONS
QUI LES REMPLACENT

CONJONCTIONS	PRÉPOSITIONS
avant que	avant de (*before*)
pour que	pour (*in order to*)
afin que	afin de (*in order to*)
à moins que	à moins de (*unless*)
sans que	sans (*without*)
de peur que	de peur de (*for fear that*)
de crainte que	de crainte de (*for fear that*)

Ouvrez la porte **afin que** votre frère **puisse** entrer.
Votre frère ouvre la porte **afin de pouvoir** entrer.

Il fait ses devoirs **avant que** ses parents ne **soient** partis.
Il a fait ses devoirs **avant de partir.**

Sans que nous nous en **rendions** compte le train est arrivé à Paris.
Nous sommes arrivés à Paris **sans** nous en **rendre** compte.

Si une conjonction n'a pas de préposition correspondante, on ne peut éviter le subjonctif. C'est le cas pour **bien que** et **quoique** :

Il travaille **bien qu'il ait** mal à la **tête.**
Il travaille **bien qu'il soit** malade.
Il lit, **quoiqu'il soit** fatigué.

On peut toutefois supprimer le verbe **être** après ces deux conjonctions :

Il travaille, **bien que** malade.
Il lit, **quoique** fatigué.

CINQUIÈME LEÇON

[19] **LE SUBJONCTIF DANS LES PROPOSITIONS RELATIVES**

A. Une proposition relative, généralement introduite par **qui, que, quoi, lequel, dont** ou **où**, complète l'antécédent, et joue le rôle d'un adjectif:

Je cherche un employé qui puisse me renseigner.

L'antécédent **employé** est "qualifié" par la proposition relative **qui puisse me renseigner.**

Connaissez-vous une pharmacie où l'on vende des produits de beauté?

L'antécédent **pharmacie** est "qualifié" par la proposition relative **où l'on vende des produits de beauté.** Le mode d'une proposition relative est déterminé par son antécédent. Quand l'antécédent est indéfini, la proposition relative est au subjonctif:

Je cherche **quelqu'un** (une personne, un homme, un agent de police, etc.) qui **puisse** me renseigner.

Quelqu'un ici n'est pas une personne déterminée, mais n'importe quelle personne, quel homme, quel agent de police capable de donner le renseignement. Peut-être même qu'une telle personne n'existe pas.

Si, par contre, l'antécédent est défini, c'est-à-dire s'il n'y a aucun doute sur l'existence réelle de cette personne ou de cette chose, la proposition relative est à l'indicatif:

Je cherche une personne, dont on m'a parlé, qui **peut** me renseigner.
Je cherche un homme qui **peut** me renseigner; il s'appelle Dupont.
Je cherche quelqu'un, dont j'ai oublié le nom, qui **pourra** me renseigner.

Il est évident que celui qui parle sait d'avance si l'antécédent est défini ou non. Mais celui qui écoute ne le saura que lorsqu'il aura entendu le verbe. Examiner les exemples suivants:

Connaissez-vous quelqu'un qui **sache** le suédois? (antécédent indéfini)
Je ne connais personne qui **sache** le suédois. (antécédent indéfini)
Je connais quelqu'un qui **sait** le suédois. (antécédent défini)

Il voudrait un bureau qui **ait** deux tiroirs. (antécédent indéfini)
Il a un bureau qui **a** deux tiroirs. (antécédent défini)

Voulez-vous une voiture qui **soit** économique? (antécédent indéfini)
Le public veut une voiture qui **soit** économique. (antécédent indéfini)
J'ai acheté une voiture qui **est** économique. (antécédent défini)

Je n'ai jamais rien mangé qui **soit** aussi bon. (antécédent indéfini)
J'ai mangé quelque chose qui **était** aussi bon. (antécédent défini)

On remarquera que l'antécédent d'une proposition relative à l'interrogatif ou au négatif est le plus souvent indéterminé, et donc exige le subjonctif. Cela se comprend: l'interrogatif et le négatif introduisent souvent un certain doute quant à l'existence réelle de l'antécédent.

B. Dans le cas d'une proposition relative dont l'antécédent est modifié par un superlatif ou par une expression à valeur superlative, telle que **le seul, le dernier, le premier, l'unique, il n'y a que**, il s'agit de savoir si le modificateur indique une attitude subjective de la part de celui qui parle. S'il exprime une opinion, un jugement, un choix, une émotion, le verbe sera au subjonctif. Si, au contraire, celui qui parle est parfaitement objectif, s'il postule une vérité, le verbe sera à l'indicatif. Comparer:

C'est le plus bel enfant que je **connaisse**. (Je connais beaucoup d'enfants, et je pense que c'est lui le plus beau.)
C'est le plus bel enfant que je **connais**. (Il y a un enfant qui est, objectivement, plus beau que les autres. C'est lui que je connais.)

Il n'y a que Pierre qui m'**ait félicité**. (J'en ai été ému.) (Cela m'a étonné.)
Il n'y a que Pierre qui m'**a félicité**. (Je constate simplement une réalité objective.)

La Suède est le premier pays qui **ait envoyé** des secours. (Nous l'en félicitons.)

La Suède est le premier pays qui **a envoyé** des secours. (Nous le constatons.)

En fait, dans la majorité des cas, les propositions relatives dont nous parlons sont au subjonctif. Lorsqu'elles exigent l'indicatif, le français a tendance à les éviter. Aux propositions à l'indicatif ci-dessus, le français préfère :

Je connais le plus bel enfant (l'enfant le plus beau).
Pierre seul m'a félicité.

Ou, lorsque la proposition principale et la subordonnée ont le même sujet :

Il n'y a que Pierre à m'avoir félicité.
La Suède est le premier pays à avoir envoyé des secours.

(Voir 15-F, p. 36.)

[20] LE SUBJONCTIF APRÈS *QUELQUE...QUE, QUEL QUE, QUI QUE,* ETC.

A. **Quelque** peut être un adverbe (et donc invariable) qualifiant un adjectif. **Quelque** peut aussi être un adjectif (et donc variable : **quelque, quelques**) placé devant le nom qu'il modifie. Dans les deux cas, **quelque** exige le subjonctif :

1. **Quelque** (adverbe) :

   Quelque jolie qu'elle **soit**, elle ne me plaît pas.
   *However pretty she **may be** ...*

   Dans ce sens, **quelque** peut être remplacé par **si, tout** ou **pour**. Le verbe reste au subjonctif :

   Si
   Tout } intelligent qu'il **soit**, il n'a pas compris.
   Pour
   *However intelligent he **may be**...*

2. **Quelque** (adjectif) :

   Quelque difficulté (chagrin) que vous **ayez**, persévérez!
   *Whatever difficulty (sorrow) you **may have** ...*

   Quelques difficultés (chagrins) qu'elle **ait**, elle persévérera.
   *Whatever difficulties (sorrows) she **may have** ...*

B. **Quel que** (**quels que, quelle que, quelles que**) est un adjectif en position prédicative, c'est-à-dire séparé par le verbe du nom qu'il modifie. Cet adjectif exige le subjonctif :

Quel que soit votre chagrin,
Quels que soient vos chagrins, ⎫
Quelle que soit la difficulté, ⎬ continuez !
Quelles que soient les difficultés, ⎭

Whatever ⎧ *your sorrow* ⎫
⎪ *your sorrows* ⎪ *may be* ...
⎨ *the difficulty* ⎬
⎩ *the difficulties* ⎭

C. Les expressions **qui que, quoi que, où que, de quelque manière que** exigent le subjonctif :

Qui que vous **soyez**, je ne vous connais pas.
Whoever you are ...

Quoi qu'il fasse, il le fait bien.
Whatever he does ...

Je te suivrai **où que** tu **ailles**.
I shall follow you **wherever** *you go.*

De quelque manière que vous le **fassiez**, ce sera bien fait.
However you do it ..., **in whatever way** *you do it* ...

D. Les expressions **qui que ce soit qui** et **qui que ce soit que** exigent le subjonctif :

Qui que ce soit qui ait fait cela, je le punirai.
Whoever did that ...

Qui que ce soit que vous **connaissiez**, je veux le connaître aussi.
Whomsoever you know ...

Difficultés de traduction

1. On remarquera que les expressions examinées au No. 20, qui exigent toutes le subjonctif, se traduisent par un mot anglais terminé par le suffixe **-ever**. Mais, inversement, les pronoms et adverbes anglais

terminés par ce suffixe n'exigent pas toujours un subjonctif en français.
Ainsi:

a.   *Whoever* comme sujet du verbe *to be* (voir 20-D, p. 50) peut aussi
se traduire par **quiconque + indicatif, celui qui + indicatif**, et
quelquefois par **qui + indicatif**:

> Quiconque **a fait** cela, je le punirai.
> Je punirai **celui qui a fait** cela.
> **Qui fait** cela fait une mauvaise action.

b.   Quand *whatever* ou *at all* suit le mot qu'il modifie, on le traduit
par **n'importe**:

> *Give him any job (whatever).*
> Donnez-lui **n'importe quel** travail.

> *I'll see any one (at all).*
> Je verrai **n'importe qui.**

> *Anyone (at all) can see me.*
> **N'importe qui** peut me voir.

> *He will do anything (whatever) to succeed.*
> Il fera **n'importe quoi** pour réussir.

c.   *Whenever* se traduit par **toutes les fois que + indicatif** ou par
lorsque + indicatif:

> *Whenever I see him he is wearing the same suit.*
> **Toutes les fois que** je le **vois** il porte le même complet.

> *Whenever you see him, be careful.*
> **Lorsque** vous le **verrez**, faites attention.

d.   *However much* comme adverbe de degré se traduit souvent par
avoir beau + infinitif:

> *However much you laugh, he will do it.*
> Vous **avez beau** rire, il le fera.

> *However much I write, he doesn't answer.*
> **J'ai beau** écrire, il ne répond pas.

[21] CONCORDANCE DES TEMPS AU SUBJONCTIF

A. La question de la concordance des temps au subjonctif est très compliquée. Grâce au subjonctif, on peut exprimer des nuances parfois très subtiles; il n'est pas nécessaire de les indiquer toutes ici. Des quatre temps du subjonctif, deux ne sont pratiquement jamais employés dans la conversation : l'imparfait et le plus-que-parfait. Même dans la langue littéraire, les auteurs modernes ont tendance à les éviter. Au subjonctif, l'imparfait est généralement remplacé par le présent, et le plus-que-parfait par le passé. Il est cependant indispensable de savoir au moins reconnaître ces deux temps aujourd'hui en décadence, que l'on rencontre souvent chez les écrivains classiques. Leurs emplois les plus fréquents sont indiqués ci-dessous entre parenthèses.

B. Concordance des temps dans les propositions subordonnées substantives (voir 17, p. 38), dans les propositions relatives (voir 19, p. 47), et après les expressions **qui que, quelque,** etc. (voir 20, p. 49). Le tableau ci-dessous résume les cas les plus fréquents :

	VERBE PRINCIPAL AU PRÉSENT DE L'INDICATIF OU AU FUTUR DE L'INDICATIF	VERBE PRINCIPAL À UN TEMPS PASSÉ DE L'INDICATIF, OU AU CONDITIONNEL
ACTION SUBORDONNÉE SIMULTANÉE OU POSTÉRIEURE À L'ACTION PRINCIPALE	**Présent du subjonctif**	**Présent (imparfait) du subjonctif**
ACTION SUBORDONNÉE ANTÉRIEURE À L'ACTION PRINCIPALE	**Passé du subjonctif**	**Passé (plus-que-parfait) du subjonctif**

1. Avec une principale au présent ou au futur de l'indicatif :

    a. Si l'action subordonnée est simultanée ou postérieure à l'action principale, la subordonnée est au présent du subjonctif :

Je demanderai qu'il **vienne.**
I'll ask that he ***come*** *(immediately or later).*

Je doute qu'il **vienne.**
I doubt that he ***is coming*** *(**will come**).*

Connaissez-vous quelqu'un qui **soit** capable de le faire?
Do you know someone who ***can*** *(**will be able to**) do it?*

Trouverez-vous quelqu'un qui **soit** capable de le faire?
Will you find someone who ***will be able*** *to do it (immediately or later)?*

Il continue quelle que **soit** sa fatigue.
He goes on, however tired he ***is.***

Il continuera quelle que **soit** sa fatigue.
He ***will go*** *on, however tired he* ***is*** *(**will be**).*

b. Si l'action subordonnée est antérieure à l'action principale, la subordonnée est au passé du subjonctif:

Je doute (douterai) qu'il **soit venu.**
I doubt (shall doubt) that he ***came*** *(**has come**).*

Je regrette (regretterai) qu'il **ait oublié.**
I regret (shall regret) that he ***forgot*** *(**has forgotten**).*

Elle est laide à présent(sera bientôt laide), quelque jolie qu'elle **ait été.**
She is now (will soon be) ugly, however pretty she ***may have been.***

2. Avec une principale à un temps passé de l'indicatif (nous choisissons l'imparfait pour les exemples qui suivent) ou au conditionnel:

a. Si l'action subordonnée est simultanée ou postérieure à l'action principale, la subordonnée est au présent (imparfait) du subjonctif:

Je voulais qu'il **vienne (vînt).**
I wanted him to ***come*** *(immediately or later).*

Je voudrais qu'il **vienne (vînt).**
I would like him to ***come*** *(immediately or later).*

J'aurais voulu qu'il **vienne (vînt).**
I would have liked him to ***come*** *(then or later).*

Je cherchais quelqu'un qui **puisse (pût) le faire.**
*I was looking for someone who **could do** it (then or later).*

Il continuait quelle que **soit (fût)** sa fatigue.
*He went on, however tired he **might have been.***

Il aurait réussi où que ce **soit (fût).**
*He would have succeeded (then or later) wherever it **might be.***

b. Si l'action subordonnée est antérieure à l'action principale, la subordonnée est au passé (plus-que-parfait) du subjonctif:

Je regrettais qu'il ne **soit (fût)** pas **venu.**
*I regretted that he **had not come.***

Je regretterais qu'il ne **soit (fût)** pas **venu.**
*I would regret that he **did not come.***

J'aurais regretté qu'il ne **soit (fût)** pas **venu.**
*I would have regretted that he **did not come.***

Je cherchais quelqu'un qui **ait (eût) connu** ma sœur.
*I was looking for someone who **might have known** my sister.*

Il l'aurait retrouvée où qu'elle se **soit (fût) cachée.**
*He would have found her wherever she **might have hidden.***

Pour réussir, il aurait fallu que vous **ayez (eussiez) travaillé.**
*In order to succeed, it would have been necessary for you to **work.***

C. Concordance des temps dans les propositions subordonnées introduites par une conjonction exigeant le subjonctif (voir 18, p. 43):

1. Quand le verbe de la principale est au présent ou au futur de l'indicatif, ou au conditionel présent, les règles indiquées à 21-B s'appliquent:

Je vais au cinéma quoique le film **soit** mauvais.
*I am going to the movies, although the film **is** bad.*

Je n'irai pas au cinéma bien que ma sœur **veuille** y aller.
*I am not going to the movies, although my sister **wants** to go.*

Je devrais le lui écrire pour qu'elle le **sache (sût).**
*I should write it to her, so that she **may know** it.*

Je vais au cinéma bien que le film n'**ait** pas **reçu** une bonne critique.
*I am going to the movies, although the film **did** not **receive** a good review.*

J'irai au cinéma quoique le film n'**ait** pas **reçu** une bonne critique.
*I will go to the movies, although the film **did** not **receive** a good review.*

2. Quand le verbe de la proposition principale est à un temps passé de l'indicatif, ou au passé du conditionnel :

   a. Avec les conjonctions **afin que, pour que, de crainte que, de peur que,** la subordonnée est au présent (imparfait) du subjonctif. Si, cependant, il est nécessaire d'indiquer que l'action de la subordonnée est antérieure à l'action principale, il faut employer le passé (plus-que-parfait) du subjonctif :

      Il expliquait afin (pour) qu'elle **comprenne (comprît).**
      *He explained, so that she **might understand** (immediately or later).*

      Il expliquait encore de crainte (de peur) qu'elle n'**ait (eût)** pas encore **compris.**
      *He kept explaining for fear that she **might** not **have understood** yet.*

   b. Avec les autres conjonctions, le verbe est généralement au passé (plus-que-parfait) du subjonctif.

      Il expliquait bien qu'elle **ait (eût)** déjà **compris.**
      *He explained although she **had** already **understood.***

      Non que ce travail **ait (eût)** été difficile, mais Pierre était paresseux.
      *Not that this work **was** difficult, but Pierre was lazy.*

Difficultés de traduction

1. Avant de traduire une phrase anglaise en employant un subjonctif français, il faut s'assurer que le français exige (ou tout du moins permet) un subjonctif. Une fois certain, il faut décider quel verbe mettre au subjonctif. Cela n'est pas toujours évident :

*I am afraid he **will not come.***

Si le contexte implique simplement le futur, c'est le verbe **to come** qui sera au subjonctif. Si le contexte implique une volonté, c'est le verbe **will** (**want to**) qui sera au subjonctif. La phrase a donc deux traductions possibles, et seul le contexte permet de savoir laquelle est juste:

J'ai peur qu'il ne **vienne** pas.
J'ai peur qu'il ne **veuille** pas venir.

De même la phrase: *I am afraid he **may not come**,* peut indiquer la possibilité ou la défense:

J'ai peur qu'il ne **vienne** (peut-être) pas. (possibilité)
J'ai peur qu'il ne **puisse** pas venir. (défense)

De même la phrase: *It is fitting that he **should do this**,* peut indiquer le jugement ou l'obligation:

Il est convenable qu'il le **fasse**. (jugement)
Il est convenable qu'il **doive** le **faire**. (obligation)

2. Une fois l'usage du subjonctif décidé, il faut s'assurer de la chronologie qui existe entre la proposition principale et la proposition subordonnée. C'est alors que l'on peut savoir si la subordonnée doit être au présent ou au passé du subjonctif.

3. On remarquera qu'au subjonctif le style de la conversation n'a pas de plus-que-parfait, et utilise le passé. Le passé traduit donc le *pluperfect* anglais:

*He worked although he **had not been paid**.*
Il a travaillé bien qu'il n'**ait** pas **été payé**.

SIXIÈME LEÇON

⚙ *Partie A*

[22] L'INFINITIF

A. L'infinitif peut avoir la fonction d'un nom:

> **Mentir** est un grave défaut.   (sujet)
> Je ne veux pas **parler**.   (complément d'objet)

L'infinitif a formé d'ailleurs un certain nombre de noms:

> Pour cent francs par jour, la pension fournit le **coucher**, le **boire** et le **manger**.

B. L'infinitif s'emploie parfois comme impératif (voir 2-F, p. 5).

C. Quand l'infinitif dépend d'un autre verbe, il peut être introduit soit par la préposition **à**, soit par la préposition **de**, soit n'exiger aucune préposition introductive, selon le verbe dont il dépend:

> Je désire
> Je sais
>
> Je commence **à**
> J'apprends **à**   } gagner de l'argent.
>
> Je cesse **de**
> Je vous conseille **de**

L'appendice I, pp. 183–184, donne la liste des principaux verbes de chaque catégorie.

D. Certains verbes peuvent introduire un infinitif de plus d'une façon:

a. Avec certains verbes, la signification est différente pour chaque cas:

Je pense écrire.	*I intend to write.*
Je pense à écrire.	*I think about writing.*
Il décide **de** partir.	*He decides to leave.*
Il décide son frère **à** partir.	*He persuades his brother to leave.*
Il me demande **de** partir.	*He asks me to leave.*
Il demande **à** partir.	{*He asks permission to leave.* {*He demands to leave.*
Il vient critiquer.	*He comes to criticize.*
Il vient **de** critiquer.	*He has just criticized.*
Il en vient **à** critiquer tout.[1]	*He is getting to the point of criticizing everything.*

b. Avec certains verbes, il n'y a pas de changement de signification. La forme la plus usuelle est donnée ici en premier:

Il commence **à** (**de**) chanter.
Elle recommence **à** (**de**) chanter.
Nous aimons (**à**) lire.

E. Quand un infinitif dépend d'un nom ou d'un adjectif, il est introduit par **à** ou par **de**. Il n'existe pas de règle absolue qui permette de savoir dans quel cas il faut employer **à** et dans quel cas **de**. On peut cependant remarquer que, d'une manière générale:

1. De introduit un infinitif:

    a. Après une expression verbale (contenant un adjectif, un nom, ou un adverbe) qui indique le sentiment, l'émotion ou l'opinion:

---

[1] L'expression **en venir à** + **infinitif** peut se traduire par ***to get to the point where, to come to***:

J'**en viens à me demander** si la liberté personnelle est possible dans le monde moderne.
*I **am getting to the point of wondering** whether personal freedom is possible in the modern world.*

L'Inquisition **en vint à brûler** les hérétiques.
*The Inquisition **got to the point of burning** heretics.*

J'**en suis venu à apprécier** la cuisine japonaise.
*I **came to appreciate** Japanese cooking.*

Je suis (content, heureux, malheureux, satisfait, ravi, etc.) **de** partir.

Elles avaient (envie, honte, peur, besoin, l'intention, le malheur, la chance, la joie, etc.) **de** travailler.

Vous feriez (bien, mal) **de** rester.

Vous avez eu (tort, raison) **d'**insister.

b. Après **il** (impersonnel) + **être** + **adjectif** (voir Note[1], p. 113):

Il est (juste, désirable, nécessaire, normal, etc.) **d'**aimer ses parents.

Il serait (facile, regrettable, grave, dangereux, etc.) **de** tolérer l'injustice.

2. **À** introduit un infinitif qui exprime le but ou le dessein, la tendance ou le résultat. Souvent **à** prend ici le sens de **pour**:

a. **À** introduit l'infinitif qui indique la fonction du nom qui le précède:

une machine **à** (écrire, laver, coudre, etc.)
un fer **à** repasser
une maison **à** (louer, vendre)
une chambre **à** coucher
une salle **à** manger
un homme **à** tout faire

b. **À** introduit un infinitif qui indique quel est (ou quel peut être) la conséquence du nom qui le précède:

un problème **à** rendre fou
une chaleur **à** en mourir
un bruit **à** casser les vitres
un froid **à** fendre les pierres
des cris **à** rendre sourd
des pleurs **à** faire pitié

c. Après un adjectif, **à** introduit un infinitif qui indique pour quelle action l'adjectif s'applique:

$$\text{un travail} \begin{cases} \text{facile} \\ \text{difficile} \\ \text{aisé} \\ \text{etc.} \end{cases} \text{à faire}$$

$$\text{un plat} \begin{cases} \text{bon} \\ \text{mauvais} \\ \text{agréable} \\ \text{etc.} \end{cases} \text{à manger}$$

$$\text{une valise} \begin{cases} \text{légère} \\ \text{lourde} \\ \text{commode} \\ \text{etc.} \end{cases} \text{à porter}$$

d. **À** introduit un infinitif qui indique quel est (ou quel peut être) la conséquence de l'adjectif qui le précède:

une fille laide à faire peur
une chanson triste à en pleurer
(Comparer à E-2-b, p. 59.)

e. **À** introduit un infinitif après **seul, dernier** ou un nombre ordinal:

$$\text{Elle a été} \begin{cases} \text{la seule} \\ \text{la première} \end{cases} \text{à comprendre la théorie de la relativité.}$$

$$\text{Ce député est} \begin{cases} \text{le dernier} \\ \text{le cinquième} \\ \text{etc.} \end{cases} \text{à avoir demandé la démission du ministre.}$$

f. **À** introduit un infinitif après un certain nombre d'expressions indiquant la durée (de temps) et la position (du corps). **À + infinitif** sert à décrire ce que le sujet fait pendant cette durée ou dans cette position:

Je passe mon temps à travailler. (durée)
Je suis debout à travailler. (position)
J'ai mis longtemps à comprendre. (durée)
Elle reste assise à écrire. (position)

F. Une proposition infinitive peut souvent remplacer une proposition subordonnée à l'indicatif (voir 15-F, p. 36) ou au subjonctif (voir 17-D, p. 41; Diff. de trad. 1 et 2, p. 42; et 18-C, p. 44).

Difficultés de traduction

1. Lorsque *to + infinitive* peut être remplacé par *in order to + infinitive* on le traduit par **pour + infinitif**:

*He will need three days **to** (in order to) finish this work.*
Il lui faudra (Il aura besoin de) trois jours **pour** finir ce travail.

To succeed, one must work.
Pour réussir il faut (on doit) travailler.

Toutes les prépositions (sauf **en**, voir 23-C, p. 62) gouvernent l'infinitif en français, et non pas le *present participle* comme en anglais:

*I answered **without thinking**.*
J'ai répondu **sans réfléchir**.

*They give orders **instead of setting** an example.*
Ils donnent des ordres **au lieu de donner** l'exemple.

Noter que la préposition *before*, quand elle introduit un infinitif, se traduit par **avant de**:

*You must learn to obey **before giving** orders.*
Il faut apprendre à obéir **avant de commander**.

***Before leaving**, he kissed his wife.*
Avant de partir, il a embrassé sa femme.

Noter que la préposition **après** introduit toujours l'infinitif passé:

Après **avoir travaillé**, ils ont joué.
*After **working** (**having worked**) they played.*

Il est venu après nous **avoir prévenus**.
*He came after **warning** (**having warned**) us.*

Nous nous sommes reposés après **être arrivés**.
*We rested after **arriving** (**having arrived**).*

❧ *Partie B*

[23] LE PARTICIPE PRÉSENT

A. Le participe présent a formé un certain nombre de noms:

le passant (*the passer-by*)	le perdant (*the loser*)
les vivants (*the living*)	le revenant (*the ghost*)
le gagnant (*the winner*)	le débutant (*the beginner*)

B. Le participe présent a formé une série d'adjectifs qui, bien entendu, s'accordent avec le nom qu'ils modifient. Ces adjectifs suivent généralement le nom:

Ces enfants sont **charmants.** (verbe **charmer**)
Voilà des nouvelles **surprenantes.** (verbe **surprendre**)
Il est parti sous une pluie **battante.** (verbe **battre**)
Mon chien est **obéissant.** (verbe **obéir**)

Plusieurs verbes font une distinction orthographique entre leur participe présent et l'adjectif (ou le nom) que ce participe présent a formé:

VERBE	PARTICIPE PRÉSENT	ADJECTIF
adhérer	adhérant	adhérent
fatiguer	fatiguant	fatigant
intriguer	intriguant	intrigant
exceller	excellant	excellent
savoir	sachant	savant
etc.		

C. D'une façon générale, le participe présent exprime une action simultanée à celle qu'exprime le verbe principal. Le participe présent peut se trouver soit seul, soit introduit par la préposition **en.** On sait que cette préposition est la seule à pouvoir introduire le participe présent (voir Diff. de trad. 1, p. 60):

Je lui ai téléphoné **espérant** qu'il serait chez lui.
Je lui téléphone **espérant** qu'il est chez lui.
Je lui téléphonerai **espérant** qu'il sera chez lui.

J'ai rencontré ⎫
Je rencontre ⎬ Pierre **en allant** à la bibliothèque.
Je rencontrerai ⎭

1. Le participe présent seul:

    a. Peut exprimer une action immédiatement antérieure à celle du verbe principal:

        Arrivant dans la rue, il chercha un taxi.
        Entrant dans un café, il téléphone à son amie.

b. Pour souligner que l'action est antérieure à celle du verbe principal, on utilise la forme composée du participe présent :

La production **étant tombée**, les bénéfices $\begin{cases} \text{diminuèrent.} \\ \text{diminuent.} \\ \text{diminueront.} \end{cases}$

Ayant beaucoup **travaillé,** $\begin{cases} \text{il a gagné} \\ \text{il gagne} \\ \text{il gagnera} \end{cases}$ beaucoup d'argent.

c. A une valeur causale ou explicative :

Ne **sachant** où aller, je suis resté chez moi. (C'est parce que je ne savais pas où aller que je suis resté chez moi.)

Il s'ennuyait, n'**ayant** rien à faire. (C'est parce qu'il n'avait rien à faire qu'il s'ennuyait.)

La production **étant** tombée, les bénéfices ont diminué. (C'est parce que la production est tombée que les bénéfices ont diminué.)

2. On appelle souvent le participe présent introduit par **en** le **gérondif.**

a. Le gérondif peut indiquer le moment où l'action principale s'est produite, se produit ou se produira :

J'ai rencontré Pierre **en allant** à la bibliothèque. (Quand l'ai-je rencontré ?)

Je me coupe souvent **en** me **rasant.** (Quand est-ce que je me coupe souvent ?)

b. Le gérondif peut indiquer la cause pour laquelle l'action principale s'est produite, se produit ou se produira :

Je me coupe **en** me **rasant.** (Pourquoi est-ce que je me coupe ?)

En acceptant de l'épouser, elle a fait une bêtise. (Pourquoi a-t-elle fait une bêtise ?)

c. Le gérondif peut indiquer la manière dont l'action principale s'est produite, se produit ou se produira :

Je me coupe souvent **en** me **rasant.** (Comment est-ce que je me coupe souvent ?)

En lisant beaucoup, on devient savant. (Comment est-ce qu'on devient savant ?)

3. D'une façon générale, le participe présent "qualifie" un substantif ou un pronom, tandis que le gérondif "qualifie" le verbe. Comparer :

Lisant beaucoup, Pierre est devenu savant. (Je donne une information sur Pierre ; je le "qualifie" de lecteur vorace.)

En lisant beaucoup, Pierre est devenu savant. (Je donne une information sur le verbe devenir ; je répond à la question comment ? ou pourquoi ? l'action de devenir savant s'est produite.)

4. Lorsqu'on veut insister sur la simultanéité du gérondif et du verbe principal, on emploie l'adverbe tout. Cela se produira surtout lorsque les deux actions ne sont pas de celles qui sont normalement simultanées :

Il marche en chantant. (Il est relativement normal de marcher en chantant.)

Mais : Tout en marchant, il comptait les voitures qui passaient. (Il est rare que l'on marche en comptant des voitures.)

L'expression tout en + participe présent a donc une valeur de concession, c'est-à-dire que l'action principale et l'action du participe présent sont en quelque sorte contradictoires :

Tout en étant furieux, je vous pardonne.
Tout en étant cruel, cet homme aimait les enfants.
Ils ont refusé de manger, tout en ayant faim.

Difficultés de traduction

1. Les formes anglaises en -ing sont très fréquentes et d'un usage varié. Elles se traduisent quelquefois par le participe présent, quelquefois par une autre construction. Voici par exemple comment le français traduit quelques-uns des nombreux emplois du *gerund* et du *present participle* anglais :

a. Comme *subject* ou *predicate complement*, le *gerund* se traduit généralement par l'infinitif :

Seeing is believing	Voir, c'est croire.
Smoking is bad for you.	Fumer est mauvais pour la santé.

(Voir 22-A, p. 57.)

b. Comme *object* d'un verbe le *gerund* se traduit par l'infinitif :

I *like hunting and fishing*   J'aime **chasser** et **pêcher**.

ou par un nom :

I *like hunting and fishing*   J'aime la **chasse** et la **pêche**.

c. Une *adverbial clause* contenant un *present participle* se traduit généralement par un gérondif français (voir 23-C-2, p. 63) :

I *cut myself shaving.*
Je me suis coupé **en me rasant.**

He *earned his fortune by cheating his partners.*
Il a gagné sa fortune **en escroquant** ses associés.

He *sings while working.*
Il chante **en travaillent.**

I*'ll call you on arriving.*
Je vous téléphonerai **en arrivant.**

Mais, après toute préposition autre que **en**, il faut employer l'infinitif (voir Diff. de trad. 1, p. 60).

d. Si le verbe principal et le *gerund* ont des sujets différents, le *gerund* se traduit généralement par une proposition à l'indicatif ou au subjonctif :

His *sickness is due to his **eating** too much.*
Sa maladie vient de ce qu'il **mange** trop.

He *uses heroin without anyone **knowing** it.*
Il se drogue à l'héroïne sans que personne le **sache.**

e. Le *gerund* adjectival dans les noms composés se traduit par **à +
infinitif** ou par **de + nom** :

a *sewing* machine   a *singing* group
une machine **à coudre**   un groupe **de chant**

2. En anglais, les différentes façons de faire une action s'expriment souvent par des verbes différents :

He *came into the room.*
He *ran into the room.*
He *crawled into the room.*
He *danced into the room.*

En français, le verbe qui indique l'action est souvent "qualifié" par un gérondif qui indique comment l'action est faite:

Il entra dans la pièce.
Il entra dans la pièce **en courant**.
Il entra dans la pièce **en rampant**.
Il entra dans la pièce **en dansant**.

3. L'expression **en attendant** se traduit par *while waiting* ou par *meanwhile*:

Le docteur vous recevra dans cinq minutes, remplissez ce formulaire **en attendant**.
*The doctor will see you in five minutes; fill in this form **while waiting**.*

Le Conseil de Sécurité délibère, mais les hostilités se poursuivent **en attendant**.
*The Security Council is deliberating, but **meanwhile** the fighting goes on.*

Vous serez payé la semaine prochaine; **en attendant**, voici une avance.
*You will be paid next week; **meanwhile**, here's an advance.*

SEPTIÈME LEÇON

&#x26; *Partie A*

[24] LES VERBES IMPERSONNELS

Le sujet des verbes impersonnels est toujours le pronom impersonnel **il**. Ce pronom n'a pas d'antécédent, car un verbe impersonnel n'a pas de sujet réel. On peut diviser les verbes impersonnels en deux catégories générales:

1. Les verbes qui indiquent un phénomène naturel se rapportant à la température ou à la météorologie. Les principaux sont:

il		il fait		il fait	
pleut		chaud		du vent	
neige		froid		du soleil	
tonne		humide		du brouillard	
gèle		frais		de l'orage	
dégèle		sec		etc.	
grêle		beau			
		mauvais			

2. Certain verbes et locutions qui, à la forme impersonnelle, ont un sens spécial. Les principaux sont:

a. Il y a, qui indique l'existence du complément d'objet d'**avoir**. Dans un sens temporel, cette expression indique la durée de temps (voir 1-D, p. 2):

Il y a trois Parisiens et deux Marseillais dans l'équipe française.
Il y a trois heures que j'attends.
Il n'**y avait** plus de places pour la représentation de lundi prochain.
Il y aura demain un an que j'ai quitté la France.
Il y a encore des gens qui croient à la peine de mort.

—N'**y a-t-il** pas eu un Noir parmi les grands écrivains romantiques?
—Si, **il y a eu** Alexandre Dumas.

Dans la langue écrite, on trouve parfois **il est** pour **il y a** indiquant l'existence du complément d'objet; cet usage est fréquent en poésie:

Il est (il y a) des hommes qui ne savent pas mentir.
There are men who cannot lie.

Il était (il y avait) une fois une jeune fille...
Once upon a time there was a girl...

b. **Il faut,** qui exprime la nécessité, l'obligation, le besoin:

Il faut casser des œufs pour faire une omelette.
Il faut aimer ses parents.
Avant de partir, **il faudra** que nous mangions.
Il lui **faut** un nouveau chapeau.
Il faudrait protéger les ressources naturelles.
Je ne sais pas ce qu'**il aurait fallu** dire pour les convaincre.

On remarquera que le verbe **falloir** est toujours impersonnel, et ne peut se conjuguer qu'avec **il** impersonnel.[1]

c. **Il est,** qui s'emploie dans un sens temporel:

Il est deux heures.
Il sera tard quand nous partirons.
Il était temps de manger.

Il impersonnel, comme sujet apparent du verbe **être** suivi d'un adjectif, s'emploie lorsque le sujet réel est une proposition, introduite par **que** ou, dans le cas d'une proposition infinitive, par **de**:

---

[1] Il y a deux façons principales d'exprimer l'obligation ou la nécessité en français: le verbe impersonnel **falloir** et le verbe **devoir**:

Il **faut** travailler pour réussir.
On **doit** travailler pour réussir.
Il nous **faudra** travailler pour réussir.
Nous **devrons** travailler pour réussir.
Il **aurait fallu** que vous travailliez pour réussir.
Vous **auriez dû** travailler pour réussir.

Ces deux façons d'exprimer l'obligation ou la nécessité sont pratiquement équivalentes. Le français a tendance à préférer le verbe **devoir** dans les temps composés, simplement parce qu'il est plus facile de dire **J'aurais dû travailler** que **Il aurait fallu que je travaille.**

Il (sujet apparent) est certain **que vous avez travaillé** (sujet réel).
Il est possible **que nous achetions ce livre.**
Il sera difficile **de finir ce travail aujourd'hui.**
Il était important **d'arriver à l'heure.**

(Voir Note[1], p. 113.)

d. **Il va de soi,** qui indique l'évidence :

Il va de soi que vous réussirez.

$$\left.\begin{array}{l} \textit{It is evident that} \\ \textit{Of course} \\ \textit{Obviously} \\ \textit{It goes without saying that} \\ \textit{It is obvious that} \end{array}\right\} \textit{you will succeed.}$$

e. **Il s'agit de,** qui introduit ce dont il est question :

De quoi **s'agit-il** ?
What is the question?
What's it all about?

Il s'agit de mon oncle.
It's about my uncle.

Il s'agit de sortir sans être vu.
The question is to come out without being seen.

Comme **falloir, s'agir de** ne peut se conjuguer qu'avec **il** impersonnel (voir Diff. de trad. 2, p. 71).

f. **Il arrive,** qui indique ce qui a lieu :

Qu'**arrive-t-il** ?
What is happening? What is going on?

Il arrive qu'elle soit de mauvaise humeur.
It sometimes happens that she is in a bad mood.

Il peut **arriver** qu'un accident soit mortel.
It can happen that an accident may be fatal.

g. **Il convient,** qui indique ce qui est utile ou à propos :

Il convient que vous ne soyez pas en retard.
It would be fitting (useful, proper) for you not to be late.

Que **convient-il** de faire ?
What should be done (one do)?

Il ne **convient** pas de discuter cette affaire maintenant.
It is not opportune to discuss this matter now.

Pour réussir, **il convient** de travailler.
In order to succeed, it is useful to work.

h. Comme on le voit, certaines de ces expressions peuvent introduire une proposition infinitive (voir 17-D, p. 41):

Faut-il craindre le pire?
Il est facile (difficile, important, urgent, etc.) **d'acheter** cela,
Il s'agit de sortir sans être vu.
Il convient de travailler pour réussir.

i. Certaines de ces expressions peuvent avoir un complément d'objet indirect. A la première et à la deuxième personne (singulier et pluriel), ce complément sera un pronom. A la troisième personne, ce sera soit le pronom, soit le nom introduit par **à**:

Il **me** faut de l'argent.
Il faut de l'argent **à Pierre.**
Il **lui** faut de l'argent.

Il **t'est** difficile de lire.
Il est difficile **à Marie** de lire.
Il **lui** est difficile de lire.

Il **nous** arrive un malheur.
Il arrive un malheur **aux Dupont.**
Il **leur** arrive un malheur.

Il **vous** convient de partir.
Il convient **au ministre** de partir.
Il **lui** convient de partir.

Difficultés de traduction

1. Comme **qu'est-ce qui arrive**? (**qu'arrive-t-il**?), l'interrogation **qu'est-ce qu'il y a**? (**qu'y a-t-il**?) peut se traduire par *what is the matter? what is wrong? what is going on? what is happening?*; comme réponse à un appel, elle peut se traduire par *what?* ou par *what is it?*:

Qu'est-ce qu'il y a? Pourquoi as-tu l'air si triste?
What is the matter? (*What is wrong?*) *Why do you look so sad?*

Qu'est-ce qu'il y a? Qu'est-ce que c'est que ce bruit?
What is going on? What is this noise?

—Pierre!   —**Qu'est-ce qu'il y a?**
—*Peter!*   —*What is it? (What?)*

2. On trouve souvent en anglais des phrases du genre:

This novel (film, book, essay, etc.) **deals with** *the life of Henry VIII (love among the upper classes, the protection of natural resources etc.).*

Si l'on veut utiliser **s'agir de** pour traduire en français, il ne faut pas oublier que le sujet ne peut être que **il** impersonnel:

Dans ce roman, **il s'agit de** la vie d'Henri VIII.
Dans ce film **il s'agit de** la protection des ressources naturelles.

On dit également:

Le sujet de ce roman est la vie d'Henri VIII.
Ce film a pour sujet (pour thème) la protection des ressources naturelles.

⚡ *Partie B*

[25] **LES VERBES *DEVOIR, POUVOIR, SAVOIR, CONNAÎTRE, FAIRE***

Ces verbes présentent des difficultés pour l'étudiant de langue anglaise. Leurs principaux emplois sont étudiés ci-dessous.

A. Le verbe **devoir**:

1. Comme verbe principal, le verbe **devoir** se traduit en anglais par *to owe*:

Je **dois** cent francs à Pierre.
I owe Pierre one hundred francs.

Vous lui **devez** la vie.
You owe him your life.

2. Comme verbe auxiliaire suivi d'un infinitif, le verbe **devoir** indique:

a. La nécessité ou l'obligation :

Il **doit** travailler pour réussir.
*He **must** (**has to, is obliged to, it is necessary for him to**) work in order to succeed.*

Je **devrai** travailler pour réussir.
*I **will have to** (**be obliged to,** etc.)…*

Elle **a dû** travailler pour réussir.
*She **has had to** (**was obliged to,** etc.)…*

b. L'intention :

Je **dois** partir demain.
*I **am supposed to** (**scheduled to**) leave tomorrow.*

Elle **devait** partir pour l'Europe.
*She **was supposed to** (**scheduled to**) leave for Europe.*

c. La probabilité ou la supposition :

Pierre **doit** être malade.
*Pierre **must be** (**is probably**) sick.*
*I **suppose** Pierre is sick.*

Il **a dû** trop manger.
*He **must have** eaten (**probably** ate) too much.*
*I **suppose** he ate too much.*

Le dîner **devait** être bon.
*Dinner was **probably** good.*
*I **suppose** dinner was good.*

d. Un futur indéterminé. Dans ce cas, il s'emploie surtout au présent, au futur et à l'imparfait :

Il **doit** (**devra**) partir bientôt.
*He **is to** leave soon.*

Nous **devions** partir une semaine plus tard.
*We **were to** leave a week later.*

e. Un conseil. Dans ce cas, il s'emploie au présent du conditionnel (voir Diff. de trad. 2, p. 11) :

Vous **devriez** travailler.
*You **should** (**ought to**) work.*

f. Un reproche. Dans ce cas, il s'emploie surtout au passé du conditionnel :

Vous **auriez dû** travailler.
*You **should have** (**ought to have**) worked.*

    g. On remarquera que le verbe semi-auxiliaire **devoir** peut se traduire en anglais de plusieurs façons différentes. Seul le contexte permet de savoir quelle nuance exprime ce verbe dans la phrase française. Une fois déterminée la nuance, il sera facile de choisir une expression anglaise qui la traduise.

B. Le verbe **pouvoir**:

Le verbe semi-auxiliaire **pouvoir** suivi d'un infinitif indique la possibilité, la faculté, la puissance de faire quelque chose. Il se traduit donc selon le cas par les verbes *can-could* et *may-might* ou par une expression correspondante telle que *to be able to*:

Je **peux** sortir avec vous.
*I **may** (**can, am able to**) go out with you.*

Seul un médecin **peut** vous guérir.
*Only a doctor **can** cure you.*

Un dictateur **peut** faire ce qu'il veut.
*A dictator **can** do what he wants.*

Puis-je entrer?
***May** I come in?*

Pourrons-nous le faire?
***Will** we **be able to** do it?*

Il ne faut pas confondre **pouvoir** et **avoir le droit de**; cette dernière forme est plus catégorique:

—**Puis**-je conduire en France sans permis?
—Non, on n'**en a** pas **le droit**.

C. Les verbes **savoir** et **connaître**:

    1. Il ne faut pas confondre **savoir** et **connaître**.

    On dit que l'on **connaît** une personne, un endroit:

Je **connais** Pierre (son frère, cet homme, le docteur Dupont, etc.).
Je **connais** Paris (la France, ce château, cette rue, votre maison, etc.).

On dit que l'on **sait** faire quelque chose:

Je **sais** lire (conduire une auto, jouer au football, danser, etc.).

On dit que l'on **sait** un fait:

Je **sais** que vous êtes honnête (quelle est la population de la France, combien font sept fois huit, ce que je veux, etc.).

Savoir implique une connaissance intégrale. **Connaître** implique une connaissance partielle. On peut dire d'un dilettante: "Il **connaît** tout, mais ne **sait** rien." Généralement, une personne dira qu'elle **sait** sa langue maternelle et qu'elle **connaît** une langue étrangère. On dit: " Je **connais** ce poème, " mais " Je **sais** ce poème par cœur."

Dans bien des cas, les deux verbes sont possibles, le verbe **savoir** étant toujours plus catégorique que le verbe **connaître**:

Je **sais** (**connais**) la réponse.
Il **sait** (**connaît**) la meilleure façon de réussir.
Nous **savons** (**connaissons**) un chemin plus court.

2. Il ne faut pas confondre **savoir** et **pouvoir**. **Savoir** implique la connaissance intellectuelle d'une technique, **pouvoir**, la capacité d'agir. Ainsi:

Il ne **peut** pas traverser le lac parce qu'il ne **sait** pas nager.
Il ne **sait** pas nager parce qu'il n'a jamais appris.
Il ne **peut** pas nager cet été parce qu'il s'est cassé le bras (parce que ses parents le lui défendent, parce que le courant est trop fort, etc.).

D. Le verbe **faire** causatif:

1. Quand le verbe **faire** introduit un infinitif, cela implique que le sujet n'agit pas par lui-même mais plutôt qu'il provoque l'action. L'action proprement dite est donc exécutée par quelqu'un d'autre, qui peut d'ailleurs ne pas être mentionné:

Je **fais** réparer ma voiture. (Ce n'est pas moi qui répare; je me borne à provoquer l'action de réparer, qui sera exécutée par quelqu'un d'autre, un mécanicien, par exemple.)

Avez-vous **fait** chanter les enfants ?
*Did you **have** (**make**) the children sing?*

Il est facile de **faire** faire ce travail.
*It is easy to **have** this work done.*

Faites-lui raconter son voyage.
Son intelligence l'a **fait** réussir.

2. Si l'infinitif n'a pas de complément d'objet, la personne ou la chose qui exécute l'action est un objet direct. Si c'est un nom, il suivra l'infinitif. Si c'est un pronom, il précédera **faire** :

Son intelligence a fait réussir **Pierre**.
Son intelligence **l**'a fait réussir.

3. Si l'infinitif a un complément d'objet, ce complément d'objet sera direct. La personne ou la chose qui exécute l'action sera alors un complément d'objet indirect. Tous les pronoms compléments d'objet précéderont **faire** (à l'exception, bien entendu, du mode impératif, dans lequel les pronoms suivent toujours le verbe) :

Le professeur fera voir **à Pierre ses fautes**.
Le professeur **les** fera voir **à Pierre**.
Le professeur **les lui** fera voir.

Mais : Faites voir **à Pierre ses fautes**.
Faites-**les** voir **à Pierre**.
Faites-**les-lui** voir.

4. Pour éviter une ambiguïté possible, la personne ou la chose qui exécute l'action peut être introduite par **par** au lieu de **à** :

Il **fait** chanter une chanson **à** Pierre.
*He has Pierre **sing** a song.*
*He has a song **sung** to Pierre.*

Il **fait** chanter une chanson **par** Pierre.
*He has Pierre **sing** a song.*

5. On peut employer le pronom réfléchi avec le verbe **faire** causatif :

Je **me** suis fait faire un costume.
*I had a suit made **for myself**.*

Vous êtes-vous fait faire la barbe?
*Did **you** have **yourself** shaved?*

Le voleur **s'**est fait arrêter parce qu'il a brûlé un feu rouge.
*The thief got **himself** arrested because he went through a red light.*

6. Le participe passé du verbe **faire** est invariable quand ce verbe est causatif (voir 13-G, p. 27):

Elle s'est **fait** respecter.

HUITIÈME LEÇON

[26] **L'ARTICLE DÉFINI**

A. Devant un mot commençant par une voyelle ou un **h** muet, les articles définis **le** et **la** présentent la forme élidée **l'**:

l'ami	l'enfant	l'énorme chambre	l'hôpital
l'amie	l'odeur	l'ancien élève	l'héroïne

Mais: **le** héros, **la** honte

B. Avec les prépositions **à** et **de**, les articles définis **le** et **les** ont les formes contractées, **au, du, aux, des**:

au garçon	**des** garçons	**des** héroïnes
du garçon	**aux** filles	**aux** anciens élèves
aux garçons	**aux** hôpitaux	**des** grandes idées

C. L'élision prime la contraction. En d'autres termes, **l'** ne présente jamais de forme contractée:

à l'ami	à l'ancien élève
de l'enfant	à l'hôpital
de l'énorme chambre	

D. Les règles qui gouvernent l'emploi ou l'omission de l'article défini sont complexes. On emploie généralement l'article défini:

    1. Devant les noms employés dans un sens général:

En France, **le** pain et **la** bière ne sont pas chers.
Les enfants aiment **les** animaux.
Les paysans se lèvent tôt **le** matin.

2. Devant les noms abstraits et notamment:
    a. Les noms de langues ou de disciplines:

    J'aime **la** biologie, mais je préfère **l'**algèbre et **le** droit.
    Il connaît déjà **l'**espagnol et il étudie **le** russe et **le** grec.

    Mais on peut omettre l'article après le verbe **parler**, surtout lorsque le nom de la langue suit immédiatement ce verbe:

    Je voudrais **parler** français.
    Je voudrais **parler** japonais couramment.
    Je voudrais **parler** couramment **le** japonais.
    Je ne **parle** pas (**le**) suédois.

    b. Les noms de pays, de provinces, de régions, de continents, de fleuves, de montagnes:

    Le Nebraska et **la** Floride sont des états **des** États-Unis.
    La France et **le** Danemark font partie de **l'**Europe.
    Les Andes forment la frontière entre **le** Chili et **l'**Argentine.
    Le Nil est en Egypte, et **la** Loire est un fleuve de France.

    (Voir E-1, p. 79, et E-2-c, p. 80.)

    c. Les jours de la semaine, dans un sens général ou habituel:

    Ma classe de latin est **le** lundi, **le** mercredi et **le** vendredi.
        (C'est-à-dire que chaque semaine, j'ai classe les jours indiqués.)
    Je déjeune chez ma sœur **le** vendredi. (Habituellement, chaque semaine.)

    Mais on omet l'article quand il s'agit d'un jour particulier:

    J'ai vu Simone **lundi**, et je verrai sa sœur **vendredi**.

    d. Les titres, ou les adjectifs qualifiant un nom propre:

    L'empereur Napoléon épousa **la princesse** Marie-Louise.
    Le docteur Dupont et **le professeur** Leroy sont les cousins **du président** Lebrun.
    "**La Belle** Hélène" et une opérette **du célèbre** Offenbach.

    On omet l'article défini avec **Monsieur, Madame** et **Mademoiselle**:

    En me promenant avec Monsieur Dupont, j'ai rencontré Madame Leroy et sa fille, Mademoiselle Hélène.

Par ailleurs, lorsqu'on s'adresse à une personne en l'appelant par son titre, les formes sont purement conventionnelles. On dit, par exemple :

Bonjour,
- Professeur Dupont.
- mon capitaine.
- Maître Dupont (à un avocat).
- Docteur Dupont.
- Maître, Docteur, Excellence, etc.

Mais : Bonjour,
- Monsieur le professeur.
- Monsieur le président.
- Monsieur le curé.
- Monsieur l'agent.
- Madame la duchesse, etc.

e. Les expressions de quantité lorsqu'il s'agit de prix :

Les tomates coûtent deux francs **le** kilo, les œufs trois francs **la** douzaine et le lait deux francs cinquante **le** litre.

f. Pour remplacer l'adjectif possessif qualifiant les parties du corps, lorsqu'il n'y a pas ambiguïté quant au possesseur :

Elle se lava **les** mains.
L'athlète pliait **les** genoux en levant **les** bras.

L'ambiguïté possible quant au possesseur est évitée par l'emploi approprié du pronom complément d'objet :

L'infirmière **lui** essuya **le** front.

On emploie cependant l'adjectif possessif lorsque la partie du corps est qualifiée :

L'athlète pliait les genoux en levant **ses** bras **musclés**.

E. On omet généralement l'article défini :

1. Après la préposition **en** :

Nous partons bientôt **en** vacances.
Traduisez cette phrase **en** français.
Il est très fort **en** mathématiques.
L'avion s'est posé **en** Espagne, puis au Portugal avant de repartir pour l'Afrique.

(Voir 50-A-3, p. 165.)

Sauf dans certaines expressions idiomatiques, telles que:
en l'honneur de, en l'air, en l'absence de, en l'an, etc.

2. Après la préposition **de** dans les cas suivants:

    a. Dans certaines expressions verbales comportant la préposition **de** (**se passer de, accuser de, manquer de, avoir besoin de, avoir envie de,** etc.), si le nom qui suit est employé dans un sens général ou partitif:

        Avez-vous **besoin d'**argent? (sens général ou partitif)
        L'homme ne peut **se passer de** nourriture.
        Le général a été **accusé d'**incompétence.
        Je n'**ai** pas **envie de** thé, j'**ai envie de** café.
        Votre fils **ne manque** pas **de** courage, il **manque d'**application.
        Mais: **Avez**-vous **besoin de** l'argent que je vous dois? (sens déterminé).
            L'homme ne peut **se passer de la** nourriture que son organisme réclame.
            Le général a été **accusé de** l'incompétence la plus totale.
            Je n'**ai** pas **envie du** thé que vous m'offrez, j'**ai envie du** café que vous m'avez fait l'autre jour.

    b. Après les adverbes et les noms qui expriment la quantité:[1]

un kilo de café	trop de travail
une douzaine d'œufs	autant de chagrin
beaucoup de paquets	combien de personnes?
un peu de courage	etc.

    c. Introduisant un nom de pays féminin, non modifié:

        Je viens de France.
        Le roi d'Angleterre
        Mais: Je viens **du** Japon. (masculin)
            Les pharaons de l'ancienne Égypte. (féminin modifié)

---

[1] L'article est cependant obligatoire avec les expressions **bien de, encore de** et **la plupart de** lorsqu'elles précèdent immédiatement le nom:

La **plupart des** Français et **bien des** étrangers ont lu Molière.
Donnez-moi **encore de la** viande et **encore de** cette sauce.

d. Dans certaines expressions adverbiales:

Il crie de douleur.	*He screams with pain.*
Elle dansait de joie.	*She danced with joy.*
Nous mourons de soif.	*We are dying of thirst.*

3. Avec les noms en apposition qui caractérisent sans particulariser:

Le professeur Dupont, **membre** de l'Académie, a quitté Paris hier; son fils, **le ministre** des finances, **orateur** réputé, l'accompagnait.

(Les noms en apposition **membre** et **orateur** ne particularisent pas. Le nom **ministre** particularise: il indique qu'il s'agit du fils qui est ministre et non pas d'un autre fils.)

4. Avec les noms de villes, à moins que le nom soit qualifié:

Paris est une belle ville.
Je vais à Paris.
Mais: **Le Paris du XIXe siècle** a été transformé par Haussmann.
Je pense **au Paris de ma jeunesse.**

Le nom de certaines villes comporte un article défini (avec une majuscule) qui n' est jamais omis:

Le Havre	La Havane	La Haye (*The Hague*)
au Havre	à La Havane	à La Haye
du Havre	de La Havane	de La Haye
La Rochelle	La Nouvelle Orléans	Le Caire (*Cairo*)
à La Rochelle	à La Nouvelle Orléans	au Caire
de La Rochelle	de La Nouvelle Orléans	du Caire

Difficultés de traduction

1. L'expression anglaise *one of them* se traduit par **l'un d'eux** ou **l'une d'elles**.

2. Lorsqu'il s'agit de jours de la semaine, la préposition anglaise *on* ne se traduit pas:

I play tennis on Thursdays.   Je joue au tennis **le** jeudi.
*I'm going to play tennis **on** Monday.*   Je vais jouer au tennis lundi.

3. Parfois, un nom français est pris dans un sens général et donc s'emploie avec l'article défini, alors qu'en anglais il est pris dans un sens particulier et s'emploie avec un article indéfini :

*Would you like to have **a** drink (before dinner) with me?*
Voulez-vous prendre **l'**apéritif avec moi ?

*I'm taking **a** plane, not **a** bus.*
Je prends l'avion, pas l'autocar.

*Cigarettes are fifty cents **a** pack and five dollars **a** carton.*
Les cigarettes coûtent trois francs **le** paquet et trente francs **la** cartouche.

❦ *Partie B*

[27] L'ARTICLE INDÉFINI ET L'ARTICLE PARTITIF

A. Les articles indéfinis singuliers **un** et **une** ont une forme plurielle commune, **des** :

un garçon, **des** garçons   **une** fille, **des** filles

B. Le mot **partitif** exprime l'idée de partie. On emploie un partitif pour indiquer qu'il s'agit seulement d'une partie d'un tout. Ainsi, lorsqu'on dit :

Donnez-moi **du** pain et **des** oranges,

on veut dire **une certaine quantité** de pain, **un certain nombre** d'oranges.

De même dans le cas d'un nom abstrait :

Pour réussir, il faut **de la** patience, **de l'**audace et **du** tact.

Les formes de l'article partitif sont **du, de la, de l', et des**. On voit que l'article partitif est formé par la préposition **de** plus l'article défini (**du = de + le, des = de + les**). Il existe aussi une forme **de** élidée en **d'** devant une voyelle ou un **h** muet qui s'emploie :

1. Généralement, quand le nom partitif est le complément d'objet direct d'un verbe au négatif, excepté **être**, qui exige toujours les formes **du, de la**, etc.:

> Elle n'a guère **de** patience, mais elle a du courage.
> Il n'y a pas **d'**autocars pour Strasbourg, mais il y a des trains.
> Je ne veux pas **d'**excuses, je veux des résultats.
> Il n'écrit jamais **de** poèmes; il écrit des essais.
> Mais: Le vol et l'escroquerie ne sont pas **des** crimes aussi graves que le meurtre.
> Ce n'était pas **de la** musique, c'était du bruit.

2. Devant un adjectif pluriel:

> Il y a **de** grandes assiettes et **de** riches gobelets sur la table.
> Voici **de** belles pommes et **d'**énormes tomates.
> Il y eut **d'**horribles batailles pendant la guerre.

Cependant, la forme **des**, tolérée dans tous les cas, devient obligatoire lorsque l'adjectif et le nom forment une sorte de nom composé, c'est-à-dire lorsque l'adjectif est partie intégrante de l'idée exprimée. Par exemple, **vieille maison** exprime deux idées: celle de **maison** et celle de **vieillesse**. Par contre, **vieille fille** (*spinster*) exprime une seule idée. De même, **petite maison** (deux idées) et **petit pain** (*roll, bun,* une seule idée). On dira donc généralement:

> **de** vieilles maisons, **de** petites maisons
> Mais: **des** vieilles filles, **des** petits pains

3. Dans les cas indiqués à 26-E-2, a et b, p. 80. On remarquera que la préposition **de** et l'article partitif **de** se confondent dans ces cas.

C. L'article indéfini ou partitif s'omet:

1. Généralement, devant un attribut qui joue le rôle d'un adjectif (par exemple, les noms de professions, de nationalités, les titres, etc.):

> Nous sommes peintres.
> Il est nommé président.
> Nous devenons amis.
> Tu es française.

Par contre, si ce nom est déterminé, il ne joue plus le rôle d'un adjectif, et l'article est exigé:

Nous sommes **des** peintres abstraits.
Nous sommes **de** bons peintres.
C'est **un** président très compétent.
Nous sommes devenus **d'**excellents amis.
Nous sommes devenus **des** amis intimes.

2. Après la préposition **sans**:

Il est resté sans argent et sans travail.

Si l'on emploie l'article indéfini singulier, cela équivaut à dire "pas un seul":

Il m'a écouté **sans un** mot, **sans un** geste.

(Voir C-5, p. 85.)

3. Généralement, avec la conjonction **ni ... ni**:

Je n'ai ni cigarettes ni allumettes.
La devise des anarchistes est: "Ni Dieu ni maître."

Si l'on emploie l'article indéfini singulier, cela équivaut à dire "pas un seul":

Je n'ai **ni une** cigarette **ni une** allumette.

L'emploi de l'article indéfini pluriel est permis, mais peu fréquent:

Je n'ai **ni des** cigarettes **ni des** allumettes.

Avec les locutions verbales **avoir besoin de, se passer de, avoir envie de** etc., on doit employer la préposition **de**:

Je ne peux **me passer ni de** cigarettes **ni de** café.
Je n'**ai envie ni de** vin **ni de** bière.
Pour être heureux, il ne faut **manquer ni de** travail **ni de** loisirs.

(Voir C-5, p. 85.)

4. Dans les locutions adverbiales composées de la préposition **avec** et d'un nom abstrait:

Travaillez avec soin, avec méthode, avec enthousiasme, et vous travaillerez avec plaisir et avec profit.
Mais: Il travaille avec **des** amis.

Dans l'exemple qui précède, **avec soin, avec méthode,** etc., sont de véritables locutions adverbiales: on pourrait les remplacer par **soigneusement, méthodiquement,** etc. **Avec** peut également être suivi d'un nom abstrait introduit par l'article partitif:

Avec de la patience, **de l'**audace et **du** tact, tout est possible.

Cela équivaut à dire "au moyen de," "en se servant de," "grâce à."

(Voir C-5, ci-dessous.)

5. Cependant, après la préposition **sans,** dans les locutions adverbiales composées de la préposition **avec** et d'un nom abstrait, avec la conjonction **ni...ni...,** l'article (défini, indéfini ou partitif selon le cas) est employé lorsqu'il s'agit d'un nom déterminé:

Il est resté **sans l'**argent qu'il avait économisé et **sans le** travail qu'il espérait.
Travaillez **avec un** soin constant, **avec une** méthode rigoureuse.
Je n'ai **ni des** cigarettes américaines **ni des** cigares à cinq francs.
Ils ne m'ont jamais demandé de faire **ni des** travaux trop pénibles **ni des** heures supplémentaires le dimanche.

Difficultés de traduction

1. Il n'existe pas d'article partitif ni d'article indéfini pluriel en anglais, mais les adjectifs *some* ou *any* peuvent jouer ce rôle; ils sont souvent sous-entendus:

J'ai vu **un** garçon et **une** fille jouer avec **des** cubes.
*I saw a boy and a girl playing with (**some**) blocks.*

Il a **des** pommes et **du** fromage; avez-vous **du** pain?
*He has (**some**) apples and (**some**) cheese; do you have (**any**) bread?*

[28] LE NOM

A. Le genre des noms.

Il n'existe guère de règles absolues permettant de reconnaître le genre des noms. Quelques principes généraux sont cependant utiles à connaître.

1. Les noms généralement féminins sont:

   a. Les noms qui désignent des personnes ou des animaux de sexe féminin:

la femme	la vendeuse	l'infirmière	la jument	la guenon
la fille	la blonde	la reine	la poule	la vache
la servante				

   b. Les noms ayant pour terminaison un **e** muet précédé d'une voyelle ou d'une double consonne:

la rue	la balle	la pomme
la patrie	la ville	la cigarette

   c. Les noms abstraits ayant pour terminaison **-té, -tié**, ou **-eur**:

la santé	la pitié	la chal**eur**
la liberté	l'amitié	l'ard**eur**

   Mais: le côté, le comité, un honn**eur**

   d. Les noms de pays, de continents, de régions, de provinces, de montagnes ayant pour terminaison un **e** muet:

la Belgique	l'Asie	la Bourgogne
la Roumanie	l'Afrique	la Normandie
les Hautes-Alpes	la Floride	
les Basses-Pyrénées	la Californie	

   Mais: le Mexique, le Cambodge, le Tennessee

   e. Les noms ayant pour terminaison **-son, -ion, -ance, -ence, -ière, -oire**:

la rai**son**	la chance	la pri**ère**
l'admirat**ion**	la rég**ence**	la baign**oire**

2. Les noms généralement masculins sont:

   a. Les noms qui désignent des personnes ou des animaux de sexe masculin:

l'homme	le vendeur	l'infirmier	le cheval	le singe
le garçon	le blond	le roi	le coq	le taureau
le serviteur				

b. Les noms ayant pour terminaison une voyelle autre que **e** muet (excepté ceux qui se terminent par **-té** et par **-tié**) :

le cinéma, le café, le parti, le piano, le seau

c. Les noms ayant pour terminaison **-isme** ou **-asme** :

le cynisme, le communisme, le marasme, le pléonasme

d. Les noms de pays, de régions, de provinces, de montagnes, de fleuves n'ayant pas un **e** muet pour terminaison :

le Japon	le Languedoc	le Haut Atlas
le Chili	le Texas	le Nil
le Sahara	le Moyen-Orient	le Mississippi
le Nebraska	le Far-West	le Congo

e. La plupart des noms ayant pour terminaison une consonne :

le lac, le fil, le vin, le bar, le bas, le lit, le riz

3. Quand un nom peut avoir une forme masculine et une forme féminine, la forme féminine est le plus souvent formée en ajoutant un **e** muet à la forme masculine :

le cousin	l'étudiant	le Chinois	l'avocat
la cousine	l'étudiante	la Chinoise	l'avocate

L'adjonction de l' **e** peut entraîner des changements non seulement phonétiques, mais aussi orthographiques :

a. Le **p** et le **f** finaux se changent en **v** :

le loup	le Juif	le veuf
la louve	la Juive	la veuve

b. L' **x** se change en **s** :

l'époux   l'épouse

c. Pour les noms à terminaison **-er**, le féminin donne **-ère** :

le fermier	l'infirmier	le berger
la fermière	l'infirmière	la bergère

d. Souvent, la consonne finale d'un mot masculin se double :

le chat	le baron
la chatte	la baronne

4. Pour indiquer une personne qui se livre à une activité, certains noms ont, au masculin, la terminaison **-eur** (le vol**eur**: l'homme qui vole; le vend**eur**: l'homme qui vend; le serv**eur**: l'homme qui sert). Au féminin, la plupart de ces noms ont pour terminaison **-euse** (la vol**euse**: la femme qui vole; la vend**euse**; la serv**euse**).

De même, les noms ayant pour terminaison **-teur** au masculin ont généralement la terminaison **-trice** au féminin:

un ac**teur**	un admira**teur**	le direc**teur**	le specta**teur**
une ac**trice**	une admira**trice**	la direc**trice**	la specta**trice**

B. Le pluriel des noms:[1]

1. La plupart des noms forment leur pluriel en ajoutant **s** au singulier. Cependant, les noms ayant pour terminaisons **s**, **x** ou **z** au singulier ne changent pas au pluriel:

le lac	la jument	la baignoire	le voleur
les lac**s**	les jument**s**	les baignoire**s**	les voleur**s**

le ⎫ bas	le ⎫ prix	le ⎫ nez
les ⎭	les ⎭	les ⎭

2. Les noms qui forment leur pluriel en ajoutant **x** au singulier sont:

    a. La plupart des noms ayant pour terminaison **-au** ou **-eu**:

le bat**eau**	le s**eau**	le nev**eu**	le chev**eu**
les bat**eaux**	les s**eaux**	les nev**eux**	les chev**eux**

    b. Six noms ayant la terminaison **-ou** au singulier:

les bij**oux**	les p**oux**	les hib**oux**
les cail**loux**	les gen**oux**	les jouj**oux**

3. La plupart des noms ayant au singulier la terminaison **-al** ou **-ail** ont au pluriel la terminaison **-aux**:

---

[1] Certains noms ne possèdent pas de singulier:

les annales	les entrailles	les pleurs
les archives	les environs	les ténèbres
les bestiaux	les mœurs	les vivres

le journal	le général	le travail	l'émail
les journaux	les généraux	les travaux	les émaux

4. Les noms propres ne varient généralement pas au pluriel:

J'ai rencontré les Dupont et les Leroy chez les Martin,

sauf lorsqu'ils désignent des œuvres d'artistes:

Au Louvre, j'ai vu deux Goyas, quelques Rembrandts et plusieurs La Tours.

5. Le pluriel des noms composés:

a. Quand les éléments qui composent le nom sont soudés (c'est-à-dire lorsqu'ils ne sont pas reliés par un trait d'union), le nom est traité comme un nom simple:[1]

les portemanteaux, les gendarmes, les contremarches

b. Quand les éléments sont séparés, c'est-à-dire lorsqu'ils sont reliés par un trait d'union, l'analyse est souvent difficile. Parmi les cas possibles, retenons:

Les noms composés formés d'un adjectif et d'un nom (le **grand-père**) ou d'un nom et d'un nom en apposition (le **chou-fleur**). Les deux éléments sont mis au pluriel:

les grands-pères	les wagons-restaurants
les grands-mères (*sic*)	les belles-filles
les choux-fleurs	les sergents-chefs
les plates-bandes	

Les noms composés formés par deux noms reliés par une préposition (même sous-entendue). Seul le premier nom est mis au pluriel:

les chefs-d'œuvre	les timbres-poste
les arcs-en-ciel	(les timbres [de] poste)
les chemins-de-fer	

Les noms composés qui contiennent un verbe (le **tire**-bouchon, le **porte**-clé), un adverbe (le **bien**-aimé) ou

---

[1] On dit cependant **Mes**dames, **Mes**demoiselles, **Mes**sieurs.

une préposition (l'**avant**-scène, l'**arrière**-garde). Le nom sera mis au pluriel s'il peut avoir un sens pluriel:

les tire-bouchons, les bien-aimés, les avant-scènes
Mais: les porte-monnaie (portent **la** monnaie, non **les** monnaies)
les gratte-ciel (grattent **le** ciel, non **les** cieux)
les coupe-papier (coupent **le** papier, non **les** papiers)

Difficultés de traduction

1. Certains noms sont soit masculins, soit féminins selon leur sens:

un critique	*a critic*	une critique	*a criticism*
un manœuvre	*an unskilled laborer*	une manœuvre	*a scheme*
un manche	*a handle*	une manche	*a sleeve*
un mode	*a mode, as in music*	une mode	*a fashion*
un voile	*a veil*	une voile	*a sail*
un livre	*a book*	une livre	*a pound*
le vase	*the vase*	la vase	*the mud*
le poste	*the post, the job, the station (as in battle-station)*	la poste	*the mail*

NEUVIÈME LEÇON

[29] L'ADJECTIF QUALIFICATIF

A. L'adjectif qualificatif exprime une qualité du nom auquel il se réfère; il s'accorde en genre et en nombre avec ce nom:

la **grande** porte   les animaux **sauvages**   les hommes **intelligents**

B. La formation du féminin:

   1. Le féminin de l'adjectif se forme en ajoutant un **e** muet à la forme masculine, sauf si le masculin est déjà terminé par un **e** muet, dans quel cas les deux genres ont la même forme:

      grand   petit   utile   large   militaire
      grand**e**   petit**e**

   2. Les changements orthographiques qu'entraîne la formation du féminin pour certains noms se produisent aussi dans le cas de l'adjectif qualificatif (voir 28-A-3, p. 87):

      a. La terminaison **-f** devient **-ve**:

         neuf   vif   destructif
         neuve   vive   destructive

      b. La terminaison **-x** devient **-se**:

         heureux   amoureux   peureux
         heureuse amoureuse peureuse

      c. La terminaison **-er** devient **-ère**:

         premier   cher   amer
         première chère amère

d. La terminaison **-eur** devient **-euse**:

moqu**eur**	travaill**eur**
moqu**euse**	travaill**euse**

Mais: chass**eur**   péch**eur**
      chass**eresse**   péch**eresse**

Cependant, un certain nombre d'adjectifs en **-eur**, formés à partir d'un comparatif latin, forment leur féminin en ajoutant un **e** muet:

antérieur (**e**)	inférieur (**e**)	supérieur (**e**)	mineur (**e**)
extérieur (**e**)	postérieur (**e**)	majeur (**e**)	meilleur (**e**)

e. La plupart des adjectifs en **-teur** forment leur féminin en **-trice**:

destruc**teur**	protec**teur**
destruc**trice**	protec**trice**

Mais: flat**teur**   enchan**teur**
      flat**teuse**   enchan**teresse**

f. Souvent, la consonne finale d'un adjectif se double (en particulier pour les adjectifs en **-el, -eil, -en, -on, -as** et **-os**):

cru**el**	par**eil**	chréti**en**
cru**elle**	par**eille**	chréti**enne**

mu**et**	b**on**	gr**as**	gr**os**
mu**ette**	b**onne**	gr**asse**	gr**osse**

Mais: complet   concret   discret   inquiet   secret
      complète   concrète   discrète   inquiète   secrète

g. Un grand nombre d'adjectifs sont irréguliers et forment leur féminin de façon spéciale. Les plus communs sont:

MASCULIN	FÉMININ	MASCULIN	FÉMININ
blanc	blanche	gentil	gentille
doux	douce	grec	grecque
épais	épaisse	long	longue
faux	fausse	malin	maligne
favori	favorite	public	publique
fou	folle	roux	rousse
frais	fraîche	sec	sèche
franc	franche		

h. Les adjectifs **beau, nouveau** et **vieux** ont les formes spéciales **bel, nouvel** et **vieil** quand ils précèdent un nom masculin singulier qui commence par une voyelle ou par un **h** muet. On forme le féminin de ces adjectifs à partir des formes spéciales :

un **bel** homme	un **nouvel** hôpital	un **vieil** ami
une **belle** femme	une **nouvelle** histoire	une **vieille** voiture

C. La formation du pluriel :

1. Le pluriel de l'adjectif qualificatif se forme généralement en ajoutant un **s** au singulier (masculin et féminin). Toutefois, si le singulier est déjà terminé par un **s** ou par un **x** il n'y a aucun changement :

grand	gros	cruel	heureux
grande	grosse	cruelle	heureuse
grand**s**	gros	cruel**s**	heureux
grande**s**	grosse**s**	cruelle**s**	heureuse**s**

2. Les adjectifs ayant **-au** ou **-al** pour terminaison au singulier forment leur pluriel de la même façon que les noms ayant les mêmes terminaisons (voir 28-B-2 and 3, p. 88) :

beau	cordial
beau**x**	cordi**aux**

D. Difficultés d'accords :

1. Avec un nom collectif au singulier suivi d'un complément au pluriel, l'adjectif peut s'accorder soit avec le collectif, soit avec son complément :

Un régiment de soldats **décidés** (ou **décidé**) à vaincre. (Le régiment est **décidé**, ou les soldats sont **décidés**.)

Cependant, l'adjectif ne peut parfois s'appliquer logiquement qu'à l'un des deux termes :

Une douzaine de soldats **blessés**. (Les soldats sont blessés, la douzaine ne peut pas l'être.)
Un nombre de soldats aussi **élevé** n'a jamais été capturé. (Le nombre est élevé, les soldats ne le sont pas.)

2. Les adjectifs simples désignant la couleur s'accordent normalement:

une robe **bleue**, des cravates **vertes**, des chemises **jaunes**

Les adjectifs composés désignant la couleur sont invariables:

une robe **bleu clair**, des cravates **vert foncé**, des chemises **jaune pâle**

3. Lorsqu'un adjectif qualifie des noms de genres différents il doit être mis au masculin pluriel. Dans ce cas, on rapproche le nom masculin de l'adjectif:

une élégance et un charme **parfaits**

[30] LA PLACE DE L'ADJECTIF QUALIFICATIF

A. Il n'y a guère de règles absolues en ce qui concerne la place de l'adjectif qualificatif par rapport au nom. Certains adjectifs précèdent habituellement le nom; d'autres le suivent. Les principes généraux ci-dessous sont valables surtout pour la prose, puisque la plus grande liberté est permise en poésie.

B. Dans la majorité des cas, l'adjectif suit le nom; en particulier, les adjectifs:

1. Qui indiquent la couleur ou la forme:

un cheval **blanc**, une automobile **vert foncé**, le ciel **bleu**
un visage **oval**, une maison **carrée**, un terrain **rectangulaire**

2. Qui indiquent la nationalité, l'origine, la religion, l'office, ou qui dérivent d'un nom propre:

un poète **espagnol**, une chanson **parisienne**, un village **breton**
une cérémonie **catholique**, un pasteur **protestant**, l'humour **juif**
une voiture **présidentielle**, une ordonnance **municipale**
un drame **cornélien**, la géométrie **euclidienne**, la stratégie **maoïste**

3. Qui sont formés par un participe passé ou un participe présent :

une porte **ouverte**, un travail **fini**, une conversation **animée** un Catholique **pratiquant**, une femme **charmante**, des nouvelles **inquiétantes**

4. Qui sont qualifiés par un adverbe :

un enfant **gravement malade**, une nouvelle **entièrement fausse**

Les adjectifs qualifiés par un adverbe "court" tel que **très, plus, assez**, etc., peuvent se placer soit avant soit après le nom. On dit :

un **très court** voyage	ou : un voyage **très court**
un **plus grand** danger	un danger **plus grand**
une **assez bonne** soupe	une soupe **assez bonne**

C. Néanmoins, certains adjectifs qualificatifs précèdent généralement le nom, en particulier :

1. Ceux qui qualifient un nom propre :

Le **cruel Néron** était le fils de l'**ambitieuse Agrippine**.
Les **pacifiques Incas** furent battus par les **belliqueux Espagnols**.

2. Une série d'adjectifs, généralement courts et employés très souvent dans la langue de tous les jours, et qui indiquent une qualité facilement associée au nom qu'ils qualifient :

un **beau** tableau	Mais : un tableau **remarquable**
une **bonne** réponse	une réponse **intelligente**
de **gentils** garçons	des garçons **insupportables**
un **long** voyage	un voyage **passionnant**
un **nouveau** roman	un roman **incompréhensible**
de **jolis** chapeaux	des chapeaux **extraordinaires**
une **mauvaise** note	une note **surprenante**
une **grande** maison	une maison **élégante**

Cependant, quand on veut mettre un de ces adjectifs qualificatifs en valeur, le faire ressortir d'une manière plus frappante, on aura tendance à le placer après le nom :

Bien que j'aie donné une réponse **bonne**, j'ai reçu une note **mauvaise**.

D. Quand deux adjectifs qualifient le même nom:

1. Chaque adjectif prend sa place habituelle:

    une **jolie** fleur **bleue** (On dit: une **jolie** fleur; une fleur **bleue**.)
    le **jeune** ami **grec** (On dit: le **jeune** ami; l'ami **grec**.)
    une **grande** maison **carrée** (On dit: une **grande** maison; une maison **carrée**.)

2. Quand les deux adjectifs ont la même place et la même valeur (c'est-à-dire qu'ils ont la même importance), ils sont généralement joints par la conjonction **et**:

    un grand **et** beau tableau
    un jeune **et** gentil garçon
    une robe blanche **et** rouge

3. Quand deux adjectifs qui n'ont pas la même valeur suivent le nom, l'un d'eux qualifie généralement une sorte de nom composé formé par le nom et l'autre adjectif, et vient en dernier:

    Un Catholique pratiquant **français**. (L'adjectif **français** qualifie le "nom composé" **Catholique pratiquant**. C'est l'adjectif **français** qui est mis en valeur.)
    Un Catholique français **pratiquant**. (L'adjectif **pratiquant** qualifie le "nom composé" **Catholique français**. C'est l'adjectif **pratiquant** qui est mis en valeur.)

    Cela est encore plus marqué quand deux adjectifs qui n'ont pas la même valeur précèdent le nom. Dans ce cas, un des adjectifs, placé à côté du nom, forme généralement avec ce nom une expression courante, qualifiée par le premier adjectif:

    une belle **jeune fille**   un beau **petit garçon**
    un vrai **grand homme**   un admirable **nouveau film**

Difficultés de traduction

1. Certains adjectifs qualificatifs ont un sens différent selon qu'ils précèdent ou qu'ils suivent le nom:

    un ancien élève   *a former student, an alumnus*
    l'histoire ancienne   *ancient history*

un brave garçon	*a good boy*
un garçon brave	*a brave boy*
un vieil ami	*an old friend*
un ami vieux	*an aged friend*
un certain risque	*a certain risk, some risk*
un risque certain	*an unquestionable risk*
cher Philippe	*dear Philip*
une robe chère	*an expensive dress*
différentes personnes	*various persons*
des personnes différentes	*different persons*
un grand homme	*a great man*
un homme grand	*a tall man*
le même courage	*the same courage*
le courage même	*courage itself*
ma propre chemise	*my own shirt*
ma chemise propre	*my clean shirt*
pauvre garçon!	*poor boy!*
un garçon pauvre	*a moneyless boy*
etc.	

2. On remarquera dans la liste ci-dessus, que certains adjectifs ont un sens propre (ou objectif) et un sens figuré (ou subjectif). Au sens propre, ils suivent généralement le nom, au sens figuré ils le précèdent. Par exemple l'adjectif **brave**, au sens propre, veut dire "qui a du courage" (valeur objective) et suit généralement le nom. Au sens figuré, **brave** veut dire "gentil, honnête, travailleur..." (valeur subjective) et précède généralement le nom. On dit donc, au sens figuré, un **noir** chagrin (mais un chien **noir**), d'**étroites** relations (mais une porte **étroite**), etc.

3. Les adjectifs **prochain** et **dernier** suivent le nom dans une expression de temps avec **an, année, mois, semaine,** etc. :

L'année **dernière** j'étais en France, l'an **prochain** j'irai en Italie.

Cependant, lorsqu'il s'agit d'indiquer une place dans une série, **prochain** et **dernier** précèdent le nom :

Les **dernières** années du règne de Louis XIV furent désastreuses.
La **prochaine** fois, ne partons pas à la **dernière** minute.
J'habite la **dernière** maison de la **prochaine** rue.

🎇 *Partie B*

[31] LA COMPARAISON DE L'ADJECTIF QUALIFICATIF

A. En général, les comparatifs et les superlatifs se forment en faisant précéder l'adjectif qualificatif des adverbes de quantité suivants :

Comparatif d'égalité : **aussi**[1]

> L'indépendance économique est aussi importante que l'indépendance politique.

Comparatif de superiorité : **plus**[2]

> L'indépendance économique est plus importante que l'indépendance politique.

Comparatif d'inferiorité : **moins**[2]

> L'indépendance économique est moins importante que l'indépendance politique.

Superlatif : **le (la, les) plus** ; **le (la, les) moins**

> L'avion **le plus grand** n'est pas nécessairement **le plus rapide**.
> Le cancer est **la plus terrible** des maladies.
> Cette route est **la moins longue**, mais aussi **la moins pittoresque**.
> Il faut trouver les mesures **les plus efficaces**.

On remarque que le superlatif se distingue du comparatif par la présence de l'article défini qui le précède, et qui s'accorde avec le nom :

Ce style est **imagé**.	Notre usine est **moderne**.
Ce style est **plus imagé**.	Notre usine est **plus moderne**.
Ce style est **le plus imagé**.	Notre usine est **la plus moderne**.
Ce style est **moins imagé**.	Notre usine est **moins moderne**.
Ce style est **le moins imagé**.	Notre usine est **la moins moderne**.

---

[1] Quand il y a négation, **si** remplace **aussi** :

Prenez garde : la marijuana n'est pas **si** inoffensive que vous le pensez.
Rien n'est **si** méprisable que le racisme.

Cette règle n'est pas toujours observée, surtout dans la langue parlée.

[2] **Plus** et **moins** adverbes de quantité exigent la préposition **de** devant un adjectif numéral :

Il a moins **de** cinquante francs.
Plus **de** cent cinquante pièces ont été jouées en 1958.

Mais : Il a plus d'argent **que** nous.

B. Remarquer les formes irrégulières suivantes:

	COMPARATIF	SUPERLATIF
bon	meilleur	le meilleur
mauvais	{plus mauvais / pire	{le plus mauvais / le pire
petit	{plus petit / moindre	{le plus petit / le moindre

L'équipe française est **bonne**, l'italienne est **meilleure**, mais la brésilienne est **la meilleure** de toutes.

Pour la santé, les cigarettes sont **plus mauvaises (pires)** que la pipe.

L'injustice est **le pire** des désordres.

Je l'ai épousée pour **le meilleur** et pour **le pire**.

La peur de la guerre n'est pas **moindre** dans mon pays que dans le vôtre.

Je n'ai pas **la moindre** envie de partir. (... *the slightest desire* ...)

Ne me remerciez pas, c'est **la moindre** des choses. (... *the least I can do*.)

S'il pleure, consolez-le, c'est **la moindre** des choses. (... *the least you can do*.)

Comme pour les adjectifs réguliers, le superlatif de ces adjectifs se forme simplement avec l'addition de l'article défini au comparatif:

Je trouve cette solution {**plus mauvaise** / **pire**} que la mienne.

Je trouve cette solution {**la plus mauvaise** / **la pire**} de toutes.

Votre idée nous semble **meilleure**.

Votre idée nous semble **la meilleure**.

Il existe aussi les comparatifs dits "savants," **inférieur, supérieur, antérieur** et **postérieur**, qui introduisent leur complément par la préposition **à**:

Le règne de Louis XIV est **antérieur à** celui de Charles X.

Les cantates de Bach sont **supérieures à** toutes les autres.

La découverte de l'Amérique est **postérieure aux** Croisades.

C. Quand l'adjectif suit le nom, son comparatif et son superlatif se forment sans difficulté:

Le chapeau {**élégant** / **plus élégant** / **le plus élégant**} coûte 100 francs.

Il a choisi les questions
$\begin{cases} \textbf{difficiles.} \\ \textbf{plus difficiles.} \\ \textbf{les plus difficiles.} \end{cases}$

Ces résultats sont
$\begin{cases} \textbf{mauvais.} \\ \textbf{pires} \text{ que je ne craignais.} \\ \textbf{les pires} \text{ que nous ayons jamais obtenus.} \end{cases}$

D. Quand un adjectif précède le nom

    1. Et qu'il est lui-même précédé d'un article défini, on ne répète pas l'article en formant le superlatif :

    La bonne bière coûte cher.   **La belle** fille est assise.
    La meilleure bière coûte cher.   **La plus belle** fille est assise.

    2. Et qu'il est lui-même précédé d'un adjectif possessif, on omet l'article en formant le superlatif :

    Mon beau chien est malade.
    Mon plus beau chien est malade.

    La sécheresse est la cause de **notre mauvaise** récolte.

    La sécheresse fut la cause de **notre** $\begin{cases} \textbf{plus mauvaise} \\ \textbf{pire} \end{cases}$ récolte.

    3. On remarquera que dans les deux cas ci-dessus, les formes du comparatif et du superlatif sont identiques :

    La **meilleure** bière...   *The **better** (**best**) beer ...*
    Notre **pire** récolte...   *Our **worse** (**worst**) crop ...*

    Le sens est généralement donné par le contexte. On peut d'ailleurs éviter la difficulté en plaçant le superlatif après le nom :

    La bière **la meilleure**...   *The best beer ...*
    Notre récolte **la pire**...   *Our worst crop ...*

E. Le complément du comparatif est introduit par la conjonction **que** :

La lune est plus petite **que** la terre.
Cette loi est moins juste **que** sévère.
Nous sommes aussi intelligents **qu'**eux.
L'état des finances de notre compagnie est meilleur **que** l'an dernier, mais moins bon **qu'**il y a deux ans.

F. Le complément du superlatif est introduit par la préposition **de** :

C'est la nouvelle la plus sensationnelle **de** l'année.
Le Louvre n'est-il pas le musée le plus riche **du** monde ?
De tous les moyens de transport, l'avion est le moins dangereux.

Difficultés de traduction

1. Quand *most* + *adjective* veut dire *very* + *adjective*, on ne le traduit pas par le superlatif, mais par **très**, ou par un autre adverbe de manière (**extrêmement, exceptionnellement, énormément**, etc.) :

   a *most* pleasant evening
   une soirée **très** agréable

   I am *most* grateful to you.
   Je vous suis **extrêmement** reconnaissant.

2. La préposition **de** qui introduit le complément du superlatif se traduit généralement par *in* ou par *of* :

   le plus modeste **de** la classe
   the most modest in the class

   Dans le pire **des** cas, il devra payer une amende.
   In the worst of cases, he'll have to pay a fine.

   Le chien est le plus fidèle **des** animaux.
   The dog is the most faithful of animals.

   Ce musée est le plus riche **du** monde.
   This museum is the richest in the world.

3. Les étudiants de langue anglaise ont tendance à confondre les adjectifs **bon** et **mauvais** avec les adverbes **bien** et **mal**. D'autant plus que *good* et *well* ont le même comparatif et le même superlatif : *better, best* ; de même *bad* et *badly* : *worse, worst*. En français, il faut prendre soin d'utiliser l'adjectif pour qualifier un nom, et l'adverbe pour qualifier un verbe, un adjectif ou un autre adverbe :

ADJECTIFS
{
Bon voyage !
Le *Père Goriot* est un **bon** roman, mais je trouve qu'*Eugénie Grandet* est encore **meilleur**.
Les plaisanteries les plus courtes sont souvent **les meilleures**.
Quel **mauvais** temps !
Mon idée est peut-être **mauvaise**, mais elle n'est pas **pire** (**plus mauvaise**) que la vôtre.
C'est dans cette ville que se trouvent **les pires** taudis du pays.
}

ADVERBES
{
Bien souvent, on dort **mal** quand on a trop **bien** mangé.

C'est **bien** fait! (*Serves you right!*)

Vous êtes **bien** aimable de m'avoir prévenu.

Pardonner, c'est **bien**, oublier, c'est **mieux**.

Mieux vaut tard que jamais.

Le **mieux** est l'ennemi du **bien**. (*Leave well enough alone*).

J'aime **mieux** ne pas en parler.

Tout est pour le **mieux** dans le meilleur des mondes. (*All is for the best in the best of all possible worlds*).

La langue que je parle **le mieux** est le français.

La langue que je parle **le moins bien** (**le pis**) est l'espagnol.

Mentir, c'est **mal**, voler, c'est **pis** (**plus mal**), mais tuer, c'est **le pis**.
}

(Voir 46-A-2, p. 153.)

[32] L'ADJECTIF INDÉFINI

A. Les principaux adjectifs indéfinis sont: **quelque, chaque, maint, autre, plusieurs, certain, divers, différents, tout, aucun, nul, quelque (quel, quels, quelle, quelles) ... que, quelconque, même, tel.** Il ne faut pas confondre les adjectifs indéfinis et les pronoms indéfinis qui leur correspondent (voir 44, p. 145).

B. Les adjectifs **autre, tel** et **même** peuvent soit précéder, soit suivre le nom. L'adjectif **quelconque** suit généralement le nom. Les autres adjectifs indéfinis précèdent le nom.

C. Quelque:

  1. Au singulier **quelque** veut dire:

  a. Une petite quantité de:

  Sans être un génie, ce garçon a **quelque** talent. (*a little*)

  b. Quelconque, n'importe quel:

  Je voudrais trouver **quelque** travail. (*some, any kind of*)

  2. Au pluriel **quelques** veut dire: un petit nombre de:

  Quelques piqûres d'antibiotiques, **quelques** jours de repos, et vous serez guéri. (*A few ...*)

D. **Chaque** ne s'emploie qu'au singulier :

Chaque fois que je le vois, je lui dis bonjour. (*Each, every*)
Chaque homme a besoin de liberté. (*Each, every*)

(Voir J-1, p. 104.)

E. **Maint** est légèrement archaïque et ne se rencontre guère qu' au pluriel, dans la langue écrite ou dans des expressions idiomatiques :

Il a dû faire face à **maints** problèmes, à **maintes** difficultés. (*many a*)

F. **Autre** :

1. Veut dire : **différent**

   Accepteriez-vous de travailler avec un **autre** professeur, dans une **autre** université? (*another ...*)
   L'**autre** jour, vous portiez une **autre** robe. (*The other ... another*)

2. Au pluriel, avec la préposition **de, autres** a un sens partitif :

   Quelques athlètes couraient, **d'autres** sautaient. (*some others*)
   D'autres parents n'auraient pas été si indulgents.

3. Employé après **nous** et **vous, autres** isole le groupe désigné :

   Nous autres, nous restons ; **vous autres**, partez. (*As for us ... as for you*)

G. **Plusieurs** est invariable et indique un nombre moyen :

Les musulmans font leurs prières **plusieurs** fois par jour. (*several*)
Plusieurs pays ont aboli le service militaire obligatoire.

H. **Certain** :

1. Au pluriel **certains** est à peu près synonyme de **quelques**. On l'emploie souvent en correlation avec **d'autres** :

   Certains mots anglais sont d'origine latine. (*Certain*)
   Certaines questions sont faciles, **d'autres** ne le sont pas. (*Certain ... others*)

2. **Certain** peut être un adjectif qualificatif. Dans ce cas il suit le nom :

   La mort semblait **certaine**. (*seemed certain*)

I. **Divers** et **différents** indiquent la pluralité:

Divers orateurs ont exposé **différents** projets. (*Several*)
Diverses personnes ont proposé **différentes** choses. (*Several*)

J. **Tout**:

   1. Au singulier, **tout, toute,** employé sans article, est synonyme de **chaque**:

      Tout homme a besoin de liberté.
      Toute question a une réponse.

   2. Au singulier et au pluriel, il indique la totalité:

      Il a mangé **tout** un kilo de pommes de terre. (*a whole*)
      Toute la foule applaudissait. (*The whole, the entire*)
      J'ai passé **toute** une année à Paris. (*a whole, an entire*)
      Tous[1] les hommes ont besoin de liberté. (*All*)
      Toutes les anciennes colonies françaises sont indépendantes aujourd'hui. (*All*)
      Ne faites pas **tout** ce bruit!
      Je vous fais **toutes** mes excuses.

K. **Aucun** et **nul** sont des adjectifs indéfinis négatifs qui s'emploient surtout au singulier. Ils sont à peu près synonymes, **nul** étant plutôt littéraire. Ils exigent un **ne** négatif:

      Aucune tâche ⎫
      Aucun travail ⎬ **n'**est trop difficile pour lui. (*No work is*)

      Nulle tâche ⎫
      Nul travail ⎬ **n'**est trop difficile pour lui. (*No work is*)

L. L'adjectif indéfini **quelque** et les adjectifs interrogatifs **quel, quelle, quels, quelles** se combinent avec le relatif **que** pour former des locutions indéfinies, toujours suivies du subjonctif (voir 20, p. 49):

---

[1] **Tous** adjectif se prononce "tou"; **tous** pronom se prononce "tousse":

Tous les garçons sont ici. ("tou")
Les garçons sont **tous** ici. ("tousse")
Cet argent est pour nous **tous**. ("tousse") (*all of us*)

Quelque chagrin **que** vous ayez, persévérez. (*Whatever sorrow*)
Quel que soit votre chagrin, persévérez. (*Whatever your sorrow*)
Quelle que soit la difficulté, persévérez. (*Whatever the difficulty*)
Quelles que soient ses questions, répondez. (*Whatever his questions*)

M. **Quelconque** veut dire : de n'importe quel genre, de n'importe quelle espèce :

Ce n'est pas une voiture **quelconque**, c'est une voiture de luxe. (*just any*)

Il était en train de boire un cocktail **quelconque**. (*some cocktail or other*)

Par extension, **quelconque** comme adjectif qualificatif a le sens de "médiocre" :

Cette pièce a été jouée par des acteurs médiocres dans un décor très **quelconque**.

N. **Même** :

1. Placé après un nom de qualité personnifie cette qualité :

Cet homme est l'ingratitude **même**. (*ingratitude itself*)

2. Placé après un nom ou un pronom désignant un objet ou une personne, le met en relief :

Ses parents mêmes ne l'aimaient pas. (*His very parents*)
Lui-même ne savait pas ce qu'il voulait. (*He himself*)
Écris-lui **toi-même**. (*yourself*)

3. Placé avant le nom, et précédé de l'article, indique la similitude :

Nous avons **les mêmes** amis, **les mêmes** habitudes, nous lisons **le même** journal. (*the same*)

O. **Tel** :

1. Indique la ressemblance ou l'équivalence :

Je n'ai jamais vu une robe **telle** que la vôtre. (*such as*)
Tel père, **tel** fils. (*Like father, like son*)

2. A une valeur démonstrative :

Telle est mon histoire. (*Such*)
Il faut prendre les hommes **tels** qu'ils sont. (*as*)

[33] L'ADJECTIF DÉMONSTRATIF

A. Au masculin singulier les deux formes de l'adjectif démonstratif sont **ce** devant une consonne et **cet** devant une voyelle ou un **h** muet. La forme féminine de cet adjectif est **cette,** la forme plurielle commune aux deux genres, est **ces** :

ce garçon	**cette** fille	**ces** exemples
cet ami	**cette** amie	
cet hôpital		

Ce psychologue et **cet** historien ont étudié **ces** problèmes.
Cette bande de jeunes délinquants a été accusée de **ces** vols.

B. Il existe également des formes renforcées de ces adjectifs, formées par l'adjonction des adverbes **-ci** et **-là** au nom. Ces formes renforcées peuvent aussi servir à distinguer ce qui est proche (**-ci**) de ce qui est éloigné (**-là**) :

Avez-vous lu Flaubert ? **Cet** auteur-**là** est génial.
Je garde **ces** livres-**ci** sur ma table et **ces** livres-**là** dans ma bibliothèque.

Difficultés de traduction

1. Les formes simples de l'adjectif démonstratif peuvent se traduire par *this* (*these*) ou *that* (*those*) à volonté :

Ce garçon est français.
This (*that*) *boy is French.*

J'ai acheté **ces** livres d'art.
I bought ***these*** (*those*) *art books.*

2. Les adverbes **-ci** et **-là** des formes renforcées ne se traduisent pas en anglais correct, mais on remarquera que certaines formes dialectales de l'anglais ont des formes semblables :

Ces livres-**ci** sont plus chers que **ces** livres-**là**.
These (*here*) *books are more expensive than* ***those*** (*there*) *books.*

Les étudiants de langue anglaise ont tendance à employer les formes renforcées même lorsque les formes simples conviennent mieux. On peut remarquer que les formes **-ci** et **-là** sont l'équivalent linguistique d'un geste du doigt pour désigner ce dont on parle, geste rarement nécessaire dans la vie de tous les jours.

3. L'adjectif démonstratif ne s'emploie pas en français dans les phrases du genre:

Those students who study will succeed.
Les élèves qui étudient réussiront.

*All of a sudden, in comes **this** guy I never saw before in my life.*
Tout d'un coup, **un** type que je n'avais jamais vu de ma vie est entré.

DIXIÈME LEÇON

ঙ Partie A

[34] **LE PRONOM DÉMONSTRATIF**

   A. Le pronom démonstratif **celui, celle, ceux, celles**:

    1. Quand le pronom démonstratif remplace une expression définie, c'est-à-dire qui a un genre et un nombre, on emploie les formes **celui, celle, ceux, celles**, généralement modifiées par l'adverbe **-ci** ou **-là**:

        J'ai beaucoup de livres; **celui-ci** est un roman, **ceux-là** sont des anthologies.

        Voyez ces statues: **celles-ci** sont très médiocres, mais **celles-là** sont très belles.

        Quel chapeau préférez-vous? **Celui-ci**? **Celui-là**?

    2. On omet généralement les adverbes **-ci** et **-là** lorsque le pronom démonstratif est modifié:

        a. Par une proposition relative:

            J'ai beaucoup de livres; **celui qui est sur la table** est un roman.

            Ces étudiantes sont américaines: **celle que je vous ai présentée** habite la Louisiane.

            Les propositions de la Société Dupont Frères sont **celles que nous vous recommandons d' accepter**, parce que ce sont **celles qui nous paraissent les plus avantageuses**.

        b. Par un complément prépositionnel:

            Ceux de mes amis que j'ai invités parlent anglais.

            J'aime ces deux tableaux, mais je préfère **celui de droite**.

            Quelle robe portait-elle, **celle en coton** ou **celle en nylon**?

B. Le pronom démonstratif **ceci, cela (ça)** :

Quand le pronom démonstratif remplace une expression indéfinie, c'est-à-dire qui n'a ni genre ni nombre (par exemple une idée ou un fait), on emploie les formes **ceci** ou **cela** (**ça** en style familier). **Cela (ça)** s'emploie quand l'expression a déjà été mentionnée, **ceci** pour introduire l'expression :

Ton ami a perdu sa situation ; **cela** (**ça**) nous fait de la peine.
Ceci va te faire de la peine : ton fils a perdu sa situation.

Ceci me semble évident : les alcooliques sont des malades.
Les alcooliques sont des malades, **cela** (**ça**) me semble évident.

Vous vous trompez, mais **cela** (**ça**) n'a pas d'importance.

C. Le pronom démonstratif **ce** :

Comme sujet du verbe **être** on emploie le pronom démonstratif **ce** (**c'** devant un mot commençant par **e**, **ç'** devant un mot commençant par **a**). **Ce** peut remplacer une expression définie aussi bien qu'une expression indéfinie. On l'emploie en particulier :

1. Devant un nom modifié par un article :[1]

     Connaissez-vous ce monsieur ? **C'est un** chirurgien mondialement connu.
     Qui est cette demoiselle ? **C'est la** fiancée de Maurice.
     Lisez donc ces poèmes, **ce sont des** chefs-d'œuvre.
   Mais : Connaissez-vous ce monsieur ? **Il** est chirurgien.

   (Voir 27-C-1, p. 83.)

2. Devant un nom propre :

     Regardez ce jeune homme, **c'est Pierre Legrand**.
     Quel est ce village ? **C'est Aigues-Mortes**.

3. Devant un pronom :

     J'ai trouvé une bague ; **est-ce la vôtre** ?
     Ces chansons sont très sentimentales, mais **ce sont celles** que je préfère.
     Si quelqu'un avait pu trouver une solution, **ç'aurait été lui**.

---

[1] Dans le cas d'un être humain, on peut remplacer **ce** par **il, ils, elle, elles**, selon le cas. Cet usage est rare :

Regardez ce monsieur : **il** est un grand savant.
Qui est cette jeune fille ? **Elle** est la fiancée de Maurice.

4. Devant un superlatif:

Nous utilisions les machines japonaises parce que **c'étaient les moins chères.**
Il aurait dû démissioner, **ç'aurait été la meilleure** solution.

5. Pour remplacer une expression indéfinie:

Travaillons ensemble, **ce sera** plus facile.
S'il n'avait pas réussi, **ç'aurait été** catastrophique.
Mon fils a épousé la fille d'un millionnaire: **c'est** magnifique!
Vous vous trompez, mais **ce n'est** pas grave.

Il ne faut pas oublier qu'avec tout verbe autre que le verbe **être, ceci** ou **cela** est utilisé pour remplacer une expression indéfinie (voir B, p. 110). Même avec le verbe **être, ceci** ou **cela** est possible pour remplacer une expression indéfinie, mais **ce (c', ç')** est habituel:

Travaillons ensemble, **ce (cela)** sera plus facile.
S'il n'avait pas réussi **ç'aurait été (cela aurait été)** catastrophique.
Mon fils a cessé de fumer: **c'est (cela est)** magnifique!
Ceci (ce) n'est pas grave, mais vous vous trompez.

6. Quand le sujet réel du verbe **être** est une proposition, on emploie très souvent **ce (c', ç')** pour la résumer et la mettre en relief:

Ce qui me ferait plaisir **(ce)** serait que vous veniez.
Savoir se taire **(c')** est important pour réussir.
Téléphoner après minuit, **(c')** est inexcusable.

7. Quand deux ou plusieurs noms sont reliés par le verbe **être,** ou emploie souvent **ce (c', ç')** pour mettre en valeur le nom ou les noms qui précèdent le verbe **être:**

La surpopulation **(ce)** sera peut-être le plus grand problème du XXIe siècle.
L'exactitude **(c')** est la politesse des rois.
Liberté, égalité, fraternité **(c')** est la devise de la France.

8. Les règles indiquées pour l'usage de **ce (c', ç')** avec le verbe **être** s'appliquent aussi quand **être** est accompagné des verbes semi-auxiliaires **devoir** et **pouvoir:**

Qui est cette demoiselle ? **Ce doit être** la fiancée de Maurice.

Quel est ce village ? **Ce pourrait être** Aigues-Mortes.

Si quelqu'un pouvait trouver une solution, **ce devrait être vous.**

S'il n'était pas venu, **ç'aurait pu être** catastrophique.

Frapper un enfant, **(ce) devrait être** interdit.

Travailler ensemble, **(ç,) aurait pu être** plus facile.

D. On emploie souvent **ce + être + qui** et **ce + être + que** pour mettre une expression en valeur :

Mon fils a cessé de fumer.

C'est mon fils **qui** a cessé de fumer.

My son is the one who stopped smoking.

Que vous veniez avec nous me ferait plaisir.

Ce qui me ferait plaisir **ce serait que** vous veniez avec nous.

What would please me would be for you to come with us.

Nous partons demain.

C'est demain **que** nous partons.

It's tomorrow that we are leaving.

Le surpopulation sera peut-être le plus grand problème du XXIe siècle.

C'est la surpopulation **qui** sera peut-être le plus grand problème du XXIe siècle.

It is overpopulation that will be perhaps the greatest problem of the 21st century.

E. Sauf avec les pronoms **nous** et **vous**, le verbe **être** est mis au pluriel quand l'attribut de **ce** est pluriel :

Prenez ces deux romans, **ce sont** les plus intéressants.

Ce seront elles qui souffriront, mais **ce seront** eux qui se plaindront.

Baudelaire et Rimbaud, **ce furent** deux grands poètes.

Mais : **C'est nous** qui partons. **Est-ce vous** qui restez ?

Difficultés de traduction

1. Dans une expression de possession, on peut remplacer la chose possédée par le pronom démonstratif, afin d'éviter la répétition. Dans ce cas l'anglais exprime la possession sans mentionner la chose possédée :

Trois projets ont été soumis à l'Assemblée ; **celui** du parti socialiste a été adopté.

Three resolutions were submitted to the Assembly; the Socialist Party's was approved.

Toutes les robes étaient en coton sauf **celle** de Marie.
All the dresses were made of cotton except Marie's.

2. Les pronoms démonstratifs modifiés par **-ci** traduisent l'expression anglaise ***the latter***. Modifiés par **-là**, ils traduisent ***the former***:

*The French engineers and the English engineers disagreed. **The former** wanted to build a tunnel, **the latter** a bridge.*
Les ingénieurs français et les ingénieurs anglais n'étaient pas d'accord. **Ceux-ci** voulaient construire un pont, **ceux-là** un tunnel.

[35] LE PRONOM IMPERSONNEL (OU PRONOM NEUTRE) *IL*

A. Le pronom impersonnel **il** sert de sujet aux locutions et aux verbes impersonnels (voir 24, p. 67).

B. Le pronom impersonnel **il** + **être** marque l'heure:

Il est maintenant midi, **il sera** donc bientôt l'heure de partir.

C. **Il** comme sujet apparent du verbe **être** (voir 24-2-c, p. 68):

Il est étrange que Pierre soit en retard.
Il ne sera possible de le voir qu'après quatre heures.[1]

D. Comme dans le cas du pronom démonstratif **ce** (voir 34-C-8, p. 111), les règles s'appliquent aussi lorsque le verbe **être** est accompagné d'un verbe semi-auxiliaire:

Il doit être midi.
Il peut parfois **être** difficile de dire la vérité.

---

[1] Dans les cas indiqués, la langue parlée remplace parfois **il** par **ce**. Cet usage est peu élégant. **Il** est un présentatif, c'est-à-dire que **il** annonce le sujet réel; **ce**, par contre, remplace un sujet impersonnel déjà exprimé:

Il est facile de comprendre cela.
C'est facile à comprendre.

Il est étrange que Pierre soit en retard.
Pierre est en retard; **c'**est étrange.

Il aurait été plus agréable de travailler ensemble.
Travaillons ensemble: **ce** pourra être plus agréable.

Lorsqu'on est riche, **il** est facile de voyager.
Lorsqu'on est riche, voyager, **c'**est facile.

Difficultés de traduction

1. Avec certains verbes, la langue écrite emploie **il** impersonnel pour introduire le sujet réel sous forme de nom:

Il arrive un jour où chacun juge sa propre vie. (Le sujet réel du verbe **arriver** est **un jour.** On peut dire aussi: Un jour arrive où....)

Il existe des hommes qui n'ont pas de conscience. (Des hommes existent qui....)

On remarque que le verbe s'accorde avec **il** impersonnel, non pas avec le sujet réel. La traduction anglaise sera:

There comes a day *when each one must judge his own life.*
There are men *who have no conscience.*

❦ *Partie B*

[36] L'ADJECTIF POSSESSIF

A. L'adjectif possessif a les formes suivantes:

PERSONNES		UN SEUL POSSESSEUR		PLUSIEURS POSSESSEURS	
		UN SEUL OBJET POSSÉDÉ	PLUSIEURS OBJETS POSSÉDÉS	UN SEUL OBJET POSSÉDÉ	PLUSIEURS OBJETS POSSÉDÉS
1ᵉ pers. { Masc. / Fém.		mon / ma	mes	notre	nos
2ᵉ pers. { Masc. / Fém.		ton / ta	tes	votre	vos
3ᵉ pers. { Masc. / Fém.		son / sa	ses	leur	leurs

B. L'adjectif possessif s'accorde en genre et en nombre avec la personne ou la chose possédée. Au singulier, la forme féminine du possessif est remplacée par la forme masculine devant une voyelle ou un **h** muet:

mon livre   **mon** grand chapeau   **ton** courage   **tes** cousines
ma table   **ma** petite voiture   **ta** volonté   **ton** excellent vin
mes amis

La veuve est restée seule dans **sa** maison, dans **son** énorme maison.
Mon hôte et **mon** hôtesse sont sortis ensemble.

C.   Quand le possesseur est **on**, les formes de la troisième personne du singulier sont exigées:

On doit tenir **ses** promesses.
On ne reconnaît **ses** vrais amis que dans le malheur.
Qui vous a dit que l'**on** pouvait corriger **son** propre examen?

D.   On doit répéter l'adjectif possessif devant chaque nom (ou chaque adjectif) qui désigne une personne ou une chose différente:

Je dois écrire à **ton** oncle, à **ta** tante et à **tes** cousines.
Donnez-moi **mon** mouchoir, **ma** cravate et **mes** gants.
Préférez-vous **votre** vieille ou **votre** nouvelle voiture?

On ne répète généralement pas l'adjectif possessif si les noms ou les adjectifs désignent la même chose ou la même personne:

Je vous présente **mon** collègue et ami Michel Carré.
Un ami a loué **leur** grande et belle maison.

E.   Lorsqu'il s'agit d'un vêtement que l'on décrit, on remplace généralement l'adjectif possessif par l'article défini:

Le reporter est rentré à son journal **la** cravate dénouée, **le** veston en loques, **la** chemise déchirée. (description)

Mais lorsqu'il s'agit d'un geste ou d'un mouvement qui s'exerce sur le vêtement, on emploie généralement l'adjectif possessif:

Avant de s'asseoir à sa table, le reporter a enlevé **son** veston, dénoué **sa** cravate et déboutonné **sa** chemise. (geste ou mouvement)

F.   Pour l'usage de l'adjectif possessif et de l'article défini lorsqu'il s'agit de parties du corps, voir 26-D-2-f, p. 79.

Difficultés de traduction

1.   A la troisième personne du singulier, l'anglais distingue le genre de l'antécédent; ce n'est pas le cas en français:

sa taille: *his size, **her** size, **its** size, **one's** size*
son importance: *his importance, **her** importance, **its** importance, **one's** importance*

On peut parfois éviter l'ambiguïté en ajoutant l'expression **à lui** ou **à elle** à l'adjectif possessif. Par exemple, dans la phrase:

Robert était furieux parce que Jeanne avait perdu ses clés,

le contexte indique généralement s'il s'agit de *his keys* ou de *her keys*. Sinon, on peut spécifier:

...parce que Jeanne avait perdu **ses** clés **à lui**. (*his keys*)
...parce que Jeanne avait perdu **ses** clés **à elle**. (*her keys*)

[37] LE PRONOM POSSESSIF

A. Le pronom possessif a les formes suivantes:

PERSONNES		UN SEUL POSSESSEUR		PLUSIEURS POSSESSEURS	
		UN SEUL OBJET POSSÉDÉ	PLUSIEURS OBJETS POSSÉDÉS	UN SEUL OBJET POSSÉDÉ	PLUSIEURS OBJETS POSSÉDÉS
1e pers.	Masc.	**le mien**	**les miens**	**le nôtre**	**les nôtres**
	Fém.	**la mienne**	**les miennes**	**la nôtre**	
2e pers.	Masc.	**le tien**	**les tiens**	**le vôtre**	**les vôtres**
	Fém.	**la tienne**	**les tiennes**	**la vôtre**	
3e pers.	Masc.	**le sien**	**les siens**	**le leur**	**les leurs**
	Fém.	**la sienne**	**les siennes**	**la leur**	

B. Le pronom possessif s'accorde en genre et en nombre avec la personne ou la chose possédée:

Ma cousine a vingt ans, **la tienne** en a vingt-deux.
Comme ma voiture est en panne et que **la vôtre** est au garage, prenons **la leur**.
Mes parents sont bilingues, **les tiens** aussi, mais **les leurs** ne parlent qu'une seule langue.

C. On remarquera que l'article défini est partie intégrante du pronom, et obéit aux règles de la contraction (voir 26-B, p. 77):

Je préfère mes amis **aux** siens; je n'ai pas encore fait la connaissance **des vôtres**.

Difficultés de traduction

Certaines expressions idiomatiques se forment à partir des pronoms possessifs. Ainsi:

1. Les formes du masculin pluriel désignent les parents, les amis, les alliés:

   Puisque vous ne voulez pas que je sois **des vôtres**, je retourne chez **les miens**.
   *Since you don't want me **among you** (**to be one of you**), I am going back **to my own people**.*

   La bataille fut longue, mais **les nôtres** finirent par vaincre.
   *The battle was long, but **we** (**our side, our troops, our people**) finally won.*

   Nous allons au cinéma; voulez-vous être **des nôtres**?
   *We are going to the movies; will you **join us**?*

2. **Y mettre du sien** veut dire participer à une action:

   J'y ai mis du mien, il faut que tu **y mettes du tien** aussi.
   *I **put up my share** (**of money, of goodwill, of effort**), you must also **contribute** (**share, participate, help**).*

3. **Faire + les formes du féminin pluriel** désigne des actions à demi blâmables, mais généralement pas très graves:

   La directrice de ton école m'a écrit; il paraît que tu **as** encore **fait des tiennes**.
   *The headmistress of your school wrote me; it seems you **have been up to your tricks** again.*

   Chaque fois qu'on laisse cet enfant seul il **fait des siennes**.
   *Every time this child is left by himself, he **misbehaves**.*

   Ma voiture a recommencé à **faire des siennes**.
   *My car started **acting up** again.*

ONZIÈME LEÇON

[38] LES PRONOMS PERSONNELS DEVANT LE VERBE; LES PRONOMS ADVERBIAUX *EN* ET *Y*

A. Le pronom personnel sujet:

1. Les formes du pronom personnel sujet sont: **je (j'), tu, il, elle, nous, vous, ils** et **elles.** Ce pronom précède généralement le verbe, avec les exceptions suivantes:

   A l'interrogatif, il suit le temps simple:

   Aimez-**vous** l'architecture baroque?

   A l'interrogatif dans un temps composé, il suit l'auxiliaire:

   Ont-**ils** réussi à équilibrer le budget?

   Dans une proposition incise, il suit le verbe:

   "Au revoir", dit-**il**, "je pars pour Paris."
   "Adieu", répondis-**je**, "faites bon voyage."
   "Et revenez vite," ajouta-t-**elle**.

   Remarquer que lorsqu'il ne s'agit pas d'une proposition incise on dit:

   Je répondis: "Adieu, faites bon voyage." Elle ajouta: "Et revenez vite."

2. Le pronom personnel sujet **tu**:

   Tu est la forme familière de la deuxième personne. Il n'y a pas de règles absolues qui en régissent l'emploi. On emploie généralement **tu** pour parler à un enfant, à un intime, à un proche parent, à un camarade d'école, entre soldats, entre travailleurs manuels. Les jeunes gens se tutoient plus facilement que les personnes âgées.

On emploie souvent **tu** dans une apostrophe qui s'adresse à un objet ou à une abstraction:

Je **te** salue, vieil océan! (LAUTRÉAMONT)
Liberté! Que de crimes on commet en **ton** nom! (MME ROLAND)

Il ne faut pas oublier que le pluriel de **tu** est **vous**:

Pierre, **tu** es toujours en retard; Jacques, **tu** es toujours en avance; **vous** n'êtes jamais à l'heure ni l'un ni l'autre.

B. Le pronom personnel complément d'objet direct:

1. Quand le pronom personnel complément d'objet direct précède le verbe, on emploie les formes conjonctives **me (m')**, **te (t')**, **le** ou **la (l')**, **nous**, **vous**, et **les**:

Il **me** conduit.	Qui **nous** écoute?
Je **te** regarde.	**Vous** a-t-il appelés?
Jacques **le** connaît.	Il ne **les** respecte pas.
Sa mère **la** gronde.	

2. Quand le pronom personnel complément d'objet direct suit le verbe, on emploie les formes toniques pour la première et la deuxième personnes (**moi, toi, nous, vous**), et les formes conjonctives pour la troisième personne (**le, la, les**):[1]

1ère PERSONNE	2ème PERSONNE	3ème PERSONNE
Conduis-**moi**	Dépêche-**toi**	Prends-**le**
Écoutez-**moi**	Regarde-**toi**	Gronde-**le**
Conduisez-**nous**	Dépêchez-**vous**	Prends-**la**
Écoutez-**nous**	Regardez-**vous**	Gronde-**la**
		Prends-**les**
		Gronde-**les**

3. Le pronom personnel complément d'objet direct **le** remplace:

---

[1] Il n'y a pas contraction entre les prépositions **à** et **de** et les pronoms **le** et **les**:

J'ai demandé **à le** voir, mais il n'est pas facile **de le** trouver.
Nous avons cherché **à les** convaincre **de le** punir.
Il essayait **de les** traduire en français.

a. Un nom masculin de personne ou de chose:

Je connais **Pierre** et je **le** rencontre souvent.
Votre **cynisme** ne m'impressionne pas; je **le** trouve puéril.

b. Une proposition:

Je sais **que vous n'avez pas confiance en moi**, je **le** sais bien.
(**le** remplace **que vous n'avez pas confiance en moi**)
Il nous a demandé **quelle heure il était**, mais nous ne **le** savions
pas. (**le** remplace **quelle heure il était**)

c. Un adjectif, quels que soient son nombre et son genre,
surtout dans le deuxième terme d'une comparaison:

Jacques est **découragé**, mais son frère ne **l'** est pas.
Elle est moins **fatiguée** aujourd'hui qu'elle ne **le** sera
demain.
Ils ne sont pas si **naïfs** qu'ils **le** paraissent.

C. Le pronom personnel complément d'objet indirect:

  1. Quand le pronom personnel complément d'objet indirect
précède le verbe, on emploie les formes conjonctives à la
première et à la deuxième personnes (**me** ou **m'**, **te** ou **t'**,
nous, vous) et les formes **lui** et **leur** à la troisième personne:

1ère PERSONNE	2ème PERSONNE	3ème PERSONNE
Il **me** donne cent francs.	Je **te** donne cent francs.	Je **lui** donne cent francs.
Elles **me** parlent.	Nous **te** parlons.	Elle **lui** parle.
Elle **nous** donne cent francs.	Elle **vous** donne cent francs.	Tu **leur** donnes cent francs.
Vous **nous** parlez.	Ils **vous** parlent.	Ils **leur** parlent.

(Comparer à B-1, p. 120.)

On remarquera qu'à la première et à la deuxième personnes
du singulier et du pluriel, lorsqu'il précède le verbe, le
pronom personnel a les mêmes formes, qu'il soit complément
d'objet direct ou complément d'objet indirect. A la
troisième personne, cependant, les formes sont différentes:

	COMPLÉMENT D'OBJET DIRECT	COMPLÉMENT D'OBJET INDIRECT
MASC. SING.	le	lui
FÉM. SING.	la	lui
MASC. PLUR.	les	leur
FÉM. PLUR.	les	leur

Où est le directeur? Je veux **le** voir et **lui** parler.
Où est la directrice? Je veux **la** voir et **lui** parler.

Tes frères ont raison: tu devrais **les** écouter et **leur** faire confiance.
Tes sœurs ont raison: tu devrais **les** écouter et **leur** faire confiance.

2. Quand le pronom personnel complément d'objet indirect suit le verbe, on emploie les formes **moi, toi, lui, nous, vous, leur**:

Prête-**moi** cent francs.
Dis-**toi** que rien n'est impossible.
Écrivez-**lui**.
Parlez-**nous**.
Rappelez-**vous** mon adresse.
Rendez-**leur** la monnaie.

(Comparer à B-2, p. 120.)

D. Le pronom personnel réfléchi:

1. Quand le pronom personnel réfléchi précède le verbe, ses formes sont **me (m'), te (t'), se (s'), nous, vous, se(s')**:

Je **me** regarde.   Nous **nous** regardons.
Tu **te** changes.   Vous **vous** changez.
Il (Elle) **se** dépêche.   Ils (Elles) **se** dépêchent.

2. Le pronom personnel réfléchi peut être le complément d'objet direct ou le complément d'objet indirect du verbe, sans changer de formes:

Elle **se** coiffe et **se** maquille. (complément d'objet direct)
Il **se** lave les mains et **se** nettoie les ongles avant de manger.
(complément d'objet indirect)

3. Le pronom réfléchi peut avoir un sens réciproque (voir 12-F, p. 24.)

E. Le pronom adverbial **en**:

D'une façon générale, le pronom adverbial **en** remplace une expression introduite par la préposition **de**. En particulier, il remplace:

1. Un nom, introduit par la préposition **de** d'un grand nombre de formes verbales telles:

   parler de quelque chose
   se servir de quelque chose
   être + adjectif + de quelque chose
   avoir besoin (envie, peur, honte) de quelque chose
   se souvenir de quelque chose
   s'apercevoir de quelque chose
   s'occuper de quelque chose, etc.

   Le savant parle de ses recherches et il **en** parle souvent.

   —Vous servez-vous de ce dictionnaire?
   —Oui, je m'**en** sers de temps en temps.

   Je suis heureux de votre succès; j'**en** suis très heureux.
   Je suis mécontent de ton travail; j'**en** suis tout-à-fait mécontent.

   —Ont-ils besoin (envie) de vacances?
   —Oui, ils **en** ont très besoin (envie).

   —Avez-vous peur de la mort?
   —Tout le monde **en** a peur.

   Je ne me souviens plus de son nom; je ne m'**en** souviens plus du tout.

   Mais on évite **en** lorsqu'il s'agit d'une personne:

   Je parle de mes parents et je parle souvent d'eux.
   Je suis mécontent de mon professeur; je suis très mécontent de lui.

   —Avez-vous peur des gangsters?
   —Tout le monde a peur d'eux.

2. Un nom introduit par un article partitif (voir 27-B, p. 82), même lorsqu'il s'agit d'une personne:

Si vous voulez **du lait,** je vous **en** vendrai. (chose)

Vous désirez connaître **des Français**? Je peux vous **en** présenter plusieurs. (personne)

3. Une proposition, lorsqu'elle peut être remplacée par **de cela**:

Je suis content de savoir que vous n'êtes plus malade.
Je suis content de cela.
J'**en** suis content.

Je suis furieux que mon fils ait menti.
Je suis furieux de cela.
J'**en** suis furieux.

Nous avons envie d'aller au cinéma.
Nous avons envie de cela.
Nous **en** avons envie.

Si la proposition ne peut être remplacée par **de cela** mais seulement par **de faire cela,** on n'utilise pas **en**:

Il est important de penser à l'avenir.
Il est important de faire cela.

Je choisis de ne pas obéir.
Je choisis de faire cela.

4. Une expression de lieu introduite par **de**:

J'arrive **de France**; j'**en** arrive il y a deux jours.

—A quelle heure rentrez-vous **du lycée**?
—J'**en** rentre à quatre heures.

5. Dans une relation de possession, quand le possesseur est un objet inanimé ou une abstraction, **en** peut remplacer l'adjectif possessif. Ainsi l'on peut dire:

Quel beau tableau! Ses couleurs sont remarquables.
ou: Quel beau tableau! Les couleurs **en** sont remarquables.

On remarque que, dans cet exemple, **en** équivaut à **de ce tableau**.

La pollution atmosphérique augmente; ses conséquences seront graves.
ou: La pollution atmosphérique augmente; les conséquences **en** seront graves.

On remarque que, dans cet exemple, **en** équivaut à **de la pollution.**

Si le possesseur est un être humain ou un animal, on emploie l'adjectif possessif:

Quel beau chien! Son poil est magnifique.

Le paysan rentre des champs; ses bottes sont pleines de boue.

6. Le participe passé ne s'accorde pas avec **en** (voir 13-I, p. 28).

7. Pour l'emploi de **en** avec les expressions de quantité, voir 47-C, p. 156, et 51-C-3, p. 175.

F. Le pronom adverbial **y**:

En général, le pronom adverbial **y** remplace:

1. Un nom, introduit par la préposition **à** d'un grand nombre de formes verbales, telles:

   répondre à quelque chose
   penser à quelque chose
   croire à quelque chose
   toucher à quelque chose
   s'intéresser à quelque chose
   tenir à quelque chose, etc.

   Elle a répondu à la question, mais elle **y** a mal répondu.
   Le savant pense à ses recherches, et il **y** pense souvent.
   Je crois au progrès, et vous, **y** croyez-vous?
   Ce vase est fragile; n'**y** touche pas!
   L'étude des langues est passionnante pour celui qui s'**y** intéresse.
   Je tiens à notre amitié; j'**y** tiens beaucoup.

   Mais on ne peut utiliser **y** lorsqu'il s'agit d'une personne:

   Elle a répondu à la directrice, mais elle lui a mal répondu.
   Le savant pense à ses enfants; il pense à eux souvent.
   Nous vous offrons un poste parce que nous nous intéressons à vous.

2. Une proposition, lorsqu'elle peut être remplacée par **à cela**:

   Je tiens à être franc avec vous.
   Je tiens à cela.
   J'**y** tiens.

Je pense à ce que vous m'avez dit.
Je pense à cela.
J'**y** pense.

Si la proposition ne peut être remplacée par **à cela**, mais seulement par **à faire cela**, on n'utilise pas **y**:

J'apprends à piloter les avions.
J'apprends à faire cela.

J'hésite à suivre votre conseil.
J'hésite à faire cela.

3. Un nom ou un pronom précédé d'une préposition qui indique le lieu (**à**, **dans**, **devant**, **derrière**, **sous**, **sur**, etc.):

Je vais **à Paris**; j'**y** vais pour trois semaines.
J'ai regardé **sur la table**; les documents n'**y** sont plus.
Après avoir cherché dans mon bureau, j'ai cherché **dans le vôtre**; les papiers **y** étaient.
Il regarda **derrière lui**; il n'**y** avait personne.

Difficultés de traduction

1. Pour traduire le pronom anglais *myself, yourself,* etc., quand celui-ci est en apposition, on emploie le pronom personnel tonique auquel on adjoint l'adjectif **même** (voir 39, p. 127):

I do it myself.
Je le fais **moi-même**.

I will go see the president himself.
J'irai voir le président **lui-même**.

Mais quand *myself, yourself,* etc., est complément d'objet (direct ou indirect) du verbe on emploie les formes réfléchies:

You must watch yourself.
Tu dois **te** surveiller.   (complément d'objet direct)

I buy myself a book.
Je m'**achète un livre.   (complément d'objet indirect)

2. L'adverbe anglais *there* se traduit en français par **y** quand le lieu a déjà été mentionné:

*My firm is interested in your city; we want to open a branch office **there**.*
Ma compagnie s'intéresse à votre ville; nous voulons **y** ouvrir une succursale.

Si le lieu n'a pas été mentionné, ***there*** se traduit par **là** :

*Is Mr. Dupont **there**?*
Est-ce que M. Dupont est **là** ?

*Sit down **there**.*
Asseyez-vous **là**.

*Who is **there**?*
Qui est **là** ?

3. Un certain nombre d'expressions idiomatiques courantes se forment avec **en**; par exemple :

S'en aller (*to go away*)
En vouloir à quelqu'un (*to hold it against someone, to hold a grudge against someone*)
En avoir assez (*to have enough, to have one's fill*)
S'en faire (*to worry*)
S'en moquer (*not to give a hoot*)

Mon chien est idiot : quand on lui dit "**va-t-en**," au lieu de **s'en aller**, il s'approche.
Les Français **en** ont longtemps **voulu** aux Anglais d'avoir brûlé Jeanne d'Arc.
Pendant un mois, je n'ai rien dit, mais maintenant j'**en ai assez** et je vais protester.
Ne **vous en faites** pas, il n'y a aucun danger.
Je lui ai expliqué la situation, mais il **s'en moque** et ne veut rien faire.

❧ *Partie B*

[39] LES PRONOMS PERSONNELS TONIQUES OU ACCENTUÉS

A. Les formes toniques ou accentuées du pronom personnel sont **moi, toi, lui, elle, soi, nous, vous, eux, elles.**

B. Ces formes s'emploient:

1. Après le verbe **être**, même accompagné d'un verbe semi-auxiliaire:

   C'est **toi** qui es coupable et c'est encore **nous** qu'on a punis.
   Je croyais que c'était **lui** qui m'avait trahi, mais c'était **elle**.
   Ce pourrait être **lui** qui sonne, mais c'est probablement **elle**.

   A la troisième personne du pluriel, on dit:

   Ce **sont eux** qui sont coupables et ce **sont elles** qu'on a punies.

2. Après **ne** + verbe + **que**:

   Elle n'aime que **lui**.
   Nous n'attendons plus que **toi**.
   Il n'y a pas que **nous** à être invités.

3. Après **que** dans une comparaison:

   Il est aussi grand que **moi**, moins gros que **toi** et aussi fort que **lui**.

4. Quand le sujet ou le complément d'objet du verbe se composent soit de deux pronoms, soit d'un pronom et d'un nom:

   Eux et **moi** sommes les seuls à comprendre.
   Nous avons invité **vous** et **lui**.
   Les Dupont et **moi** sommes les seuls à comprendre.
   Nous avons invité les deux étudiants et **lui**.

5. Après une préposition:

   Je veux aller **avec eux**, mais je n'irai pas **sans toi**.
   Elle votera **contre lui**, car elle votera **pour moi**.
   Je sortirai **après lui** pour aller **chez vous**.
   Avez-vous entendu parler **de moi**?
   Son opinion **à lui** ne compte pas. (met l'adjectif possessif en valeur; voir. Diff. de trad. 1, p. 115.)

6. En général, on n'emploie pas le pronom tonique après une préposition lorsqu'il s'agit d'une chose et que l'on peut lui substituer une autre expression:

   a. **De** + **pronom** (chose) = **en** (voir 38-E, p. 123):

   Je parle de ce roman, j'**en** parle souvent. (chose)
   Mais: Je parle de Pierre; je parle souvent **de lui**. (personne)

b. **À + pronom** (chose) = **y** (voir 38-F, p. 125):

> Je pense à ce roman; j'**y** pense souvent. (chose)
> Mais: Je pense à Pierre; je pense souvent à **lui**. (personne)

c. **Dans + pronom** (chose) = **y, dedans, là-dedans**:

> J'ai ouvert le tiroir et j'**y** ai trouvé mon livre.
> J'ai ouvert le tiroir et j'ai trouvé mon livre **dedans**.
> Qu'avez-vous trouvé **là-dedans**?

d. **Sur + pronom** (chose) = **y, dessus, là-dessus**:
   Sous + pronom (chose) = **y, dessous, là-dessous**:

> J'ai cherché sur (sous) la table et j'**y** ai trouvé mon livre.
> J'ai cherché sur (sous) la table et j'ai trouvé mon livre **dessus
> (dessous)**.
> Qu'avez-vous trouvé **là-dessus (là-dessous)**?

e. On remarquera par ailleurs que **à + pronom tonique**
   s'emploie lorsqu'il s'agit:

- De verbes intransitifs indiquant le déplacement:

  > Il vient à **nous**.   Il courut à **elle**.

- D'une proposition dont le complément d'objet
  direct est **me, te, se, nous** ou **vous**. C'est le cas
  pour tous les verbes pronominaux:

  > Je **me** fie à lui.
  > Nous **nous** habituons à eux.
  > Ils **se** sont rendus à nous.

- Mais lorsque le complément d'objet direct est **le, la,**
  ou **les**, il faut employer les formes non accentuées
  du pronom:

  > J'ai donné mon avis aux organisateurs. Je **le leur** ai
  > donné sans qu'ils me le demandent.
  > Nous avons apporté cette corbeille à sa sœur. Nous
  > **la lui** avons apportée.
  > Avez-vous offert ces fleurs à Marie? **Les lui** avez-
  > vous offertes?

- D'expressions idiomatiques dont les plus courantes sont:

Penser à:
Si tu ne penses pas à **lui,** il ne pensera pas à **toi.**

Faire attention à:
Fais attention à **eux,** ils te détestent.

Tenir à:
Je tiens à **eux,** parce qu'ils me sont sympathiques. (*I value them...*)

Être à, qui indique la possession ou le tour:
Ce livre est à **moi,** il n'est pas à **toi.**
C'est à **moi** de jouer, ce n'est pas à **eux.**
(*It is my turn to play, it is not their turn.*)

7. Avec la conjonction **ni...ni:**

Ni toi ni moi ne pouvons tolérer sa conduite.
J'ai enfin compris que **ni lui ni elle** ne sont dignes de confiance.

8. Seuls, sans verbe, ou devant une proposition relative:

Qui est là? **Moi.**
Qui veux-tu voir? **Toi.**
Moi, qui suis français, je parle mieux l'anglais qu'**eux** qui sont américains.

9. Pléonastiquement, pour mettre en valeur un pronom personnel non accentué:

Moi, je pars; **toi,** tu viens avec moi; **eux,** ils restent ici.

10. Dans les cas examinés à 38-B-2, p. 120.

C. Il existe aussi la forme tonique **soi** qui renvoie à un sujet général (**chacun, nul, personne, on,** etc.):

Chacun travaille pour **soi.** (après une préposition)
Quand **on** n'a pas son opinion à **soi,** on écoute les autres. (met l'adjectif possessif en valeur)
Personne n'a peur d'un plus petit que **soi.** (après **que** dans une comparaison)

On peut renforcer la forme **soi** par l'adjonction de **même:**

Il ne faut pas parler tout le temps de **soi-même.**
Quiconque ne pense qu'à **soi-même** est un égoïste.

Difficultés de traduction

1. Quand le pronom tonique est introduit par **de** dans une expression de quantité, on ajoute la préposition **entre** immédiatement après **de**:

    Five soldiers were wounded; two of them died.
    Cinq soldats ont été blessés; **deux d'entre eux** sont morts.

    Some of them disagree.
    Quelques-uns d'entre eux ne sont pas d'accord.

[40] LA PLACE DES PRONOMS PERSONNELS

A. Voir les règles qui gouvernent la place des pronoms personnels sujets à 38-A, p. 119.

B. Les pronoms personnels compléments d'objet se placent avant le verbe selon le schéma suivant:

SCHÉMA 1

$$\left.\begin{matrix} \text{me} \\ \text{te} \\ \text{se} \\ \text{nous} \\ \text{vous} \end{matrix}\right\} \text{devant} \left\{\begin{matrix} \text{le} \\ \text{la} \\ \text{les} \end{matrix}\right\} \text{devant} \left\{\begin{matrix} \text{lui} \\ \text{leur} \end{matrix}\right\} \text{devant } \mathbf{y} \text{ devant } \mathbf{en} \text{ devant } \mathbf{verbe}$$

EXEMPLES:

Je **vous la** donne.   Elle **vous y** conduira.
Tu **leur en** donnes.   Nous **les leur** donnerons.
Je **vous en** donnerai.   Il **y en** a trois.

C. Il y a deux cas où le schéma ci-dessus ne s'applique pas:

1. Si le complément d'objet direct est **me, te, se, nous** ou **vous**, le complément d'objet indirect est exprimé par **à + pronom tonique** (voir 39-B-6-e, p. 129):

    Elle **se** présente **à eux**.
    Je **te** recommanderai **à elles**.

2. A l'impératif affirmatif, le schéma devient:

SCHÉMA 2

verbe devant $\left\{\begin{array}{l}\textbf{compl.}\\ \textbf{d'objet}\\ \textbf{direct}\end{array}\right\}$ devant $\left\{\begin{array}{l}\textbf{compl.}\\ \textbf{d'objet}\\ \textbf{indirect}\end{array}\right\}$ devant **y** devant **en**

EXEMPLES:

Donnez-**les-moi**!   Prêtez-**la-lui**!   Achète-**le-nous**!

On remarquera que **y** et **en**, quelle que soit leur fonction, se placent toujours après les autres pronoms:

Je n'ai plus d'argent; donnez m'**en**.
Prenez ces lettres, allez au bureau de poste et postez-les-**y**.

Les formes des pronoms personnels compléments d'objet restent les mêmes que dans le Schéma 1, avec deux exceptions:

a. Sauf devant **y** et **en**, **me** est remplacé par **moi**, et **te** est remplacé par **toi**:

Donne-les **moi**!   Dépêche-**toi**!
Donne **m'en**!   Occupe **t'en** tout de suite!

b. La règle indiquée au numéro 1 ci-dessus s'applique aussi à l'impératif. Si le complément d'objet direct est **me** (**moi**), **te** (**toi**), **nous** ou **vous**, le complément d'objet indirect est exprimé par **à+pronom tonique**:

Présentez-**vous à eux**.
Présentez-**moi à eux**.
Présentez-**nous à elles**.

Ne vous présentez pas **à eux**.
Ne me présentez pas **à eux**.
Ne nous présentez pas **à elles**.

D. Dans le cas de l'impératif négatif, c'est le Schéma 1 qui s'applique. Comparer:

IMPÉRATIF AFFIRMATIF	IMPÉRATIF NÉGATIF
(SCHÉMA 2)	(SCHÉMA 1)
Donnez-les-moi!	Ne me les donnez pas!
Prêtez-la-lui!	Ne la lui prêtez pas!
Donnez-m'en!	Ne m'en donnez pas!
Donne-les-moi!	Ne me les donne pas!
Dépêche-toi!	Ne te dépêche pas!
Achète-le-nous!	Ne nous l'achète pas!
Présentez-moi à eux!	Ne me présentez pas à eux!
Allez-y!	N'y allez pas!

Pour les changements orthographiques de l'impératif devant **y** et **en**, voir 2-B, p. 4.

DOUZIÈME LEÇON

〰 *Partie A*

[41] LE PRONOM RELATIF

A. Le pronom relatif a les formes suivantes:

	POUR REMPLACER UNE PERSONNE	POUR REMPLACER UN ANIMAL OU UNE CHOSE	POUR REMPLACER UNE EXPRESSION
SUJET	qui[1]	qui[1]	ce qui
COMPLÉMENT D'OBJET	que[1]	que[1]	ce que
COMPLÉMENT PRÉPOSITIONNEL	qui lequel lesquels laquelle lesquelles	lequel lesquels laquelle lesquelles	(ce) + prép. + quoi

Quand le pronom relatif est complément de la préposition **à**, il présente des formes contractées:

	POUR REMPLACER UNE PERSONNE	POUR REMPLACER UN ANIMAL OU UNE CHOSE	POUR REMPLACER UNE EXPRESSION
COMPLÉMENT DE LA PRÉPOSITION à	à qui auquel à laquelle auxquels auxquelles	auquel à laquelle auxquels auxquelles	(ce) à quoi

[1] On peut exceptionnellement employer les formes **lequel, laquelle**, etc., comme sujet ou comme complément d'objet, lorsqu'elles permettent d'éviter une ambiguïté:

Ce soldat sert dans la 3ᵉ compagnie du 7ᵉ régiment, **qui** (le régiment? la compagnie?) a un chef héroïque.
Ce soldat sert dans la 3ᵉ compagnie du 7ᵉ régiment, **lequel** (le régiment) a un chef héroïque.
Ce soldat sert dans la 3ᵉ compagnie du 7ᵉ régiment, **laquelle** (la compagnie) a un chef héroïque.

Comme complément de la préposition **de**, le pronom relatif présente la forme spéciale **dont** aussi bien que des formes contractées :

	POUR REMPLACER UNE PERSONNE	POUR REMPLACER UN ANIMAL OU UNE CHOSE	POUR REMPLACER UNE EXPRESSION
COMPLÉMENT DE LA PRÉPOSITION **de**	**dont, de qui** **duquel** **de laquelle** **desquels** **desquelles**	**dont** **duquel** **de laquelle** **desquels** **desquelles**	**ce dont** **ce de quoi**

B. On remarquera que les formes du pronom relatif sujet sont les mêmes, qu'il remplace une personne ou une chose :

Le garçon **qui** entre est mon frère.
La maison **qui** a brûlé était en bois.

Les formes du pronom relatif complément d'objet sont également les mêmes, qu'il remplace une personne ou une chose :

La jeune fille **que** vous voyez est un peintre célèbre.
L'hôtel **que** nous habitons est en brique.

C. Comme complément prépositionnel (de toutes les prépositions sauf **de**), on emploie généralement **qui**, et plus rarement **lequel, laquelle, lesquels, lesquelles** pour remplacer une personne. Pour remplacer une chose, on ne peut pas employer **qui**; on emploie uniquement **lequel, laquelle, lesquels, lesquelles** :

Le monsieur avec **qui** (**lequel**) vous déjeunerez est avocat.
La jeune fille pour **qui** (**laquelle**) vous achetez des fleurs est ma cousine.
Les arbres entre **lesquels** se trouve la cabane sont des pins.
Les valises dans **lesquelles** se trouvaient les documents ont été volées.
Les prisonniers à **qui** (**auxquels**) vous parlez seront bientôt relachés.
Les informations **auxquelles** il pense n'ont pas été confirmées.
Le chien avec **lequel** le policier fait sa ronde est un doberman.

Après les prépositions **entre** et **parmi, lequel, laquelle,** etc., sont cependant obligatoires. On ne peut pas employer **qui** :

Les deux gendarmes **entre lesquels** se trouvait l'accusé portaient le revolver.

Les recherches scientifiques, **parmi lesquelles** les recherches atomiques sont particulièrement importantes, sont subventionnées par l'État.

D. Quand le pronom relatif est complément de la préposition **de**, on peut généralement employer la forme **dont**, qui contient à la fois la préposition **de** et le pronom relatif. La forme **dont** est rarement obligatoire, et peut généralement être remplacée par les autres formes équivalentes. Il est cependant préférable d'employer **dont** lorsque cela est possible :

Le ministre **dont** (**de qui, duquel**) vous connaissez les opinions est très puissant.

L'opération financière **dont** (**de laquelle**) il m'a parlé est illégale.

Les murailles **dont** (**desquelles**) la ville ancienne est entourée tombent en ruine.

Les conspirateurs **dont** (**de qui, desquels**) la police a donné le signalement ne sont pas des terroristes.

Les tomates à cinq francs le kilo **dont** (**desquelles**) j'ai acheté une douzaine n'étaient pas mûres.

Le participe passé ne s'accorde pas avec **dont** (voir 13-I, p. 28).

Dont ne peut pas remplacer **de qui, duquel**, etc. après un nom introduit par une préposition et qui a un rapport de possession avec l'antécédent de **de qui, duquel** etc. :

Voici la dame avec la fille **de qui** (**de laquelle**) vous avez dansé.

De qui suit **la fille**, introduit par la préposition **avec**. **La fille** a un rapport de possession avec l'antécédent **la dame** (la fille de la dame). On ne peut pas utiliser **dont**.

Les arbres à l'ombre **desquels** nous sommes assis sont des pommiers.

Desquels suit **l'ombre**, introduit par la préposition **à**. **L'ombre** a un rapport de possession avec l'antécédent **les arbres** (l'ombre des arbres). On ne peut pas utiliser **dont**.

Le député contre le discours **de qui** (**duquel**) nous avons protesté est breton.

De qui suit **le discours** introduit par la préposition **contre**. **Le discours** a un rapport de possession avec l'antécédent **le député** (le discours du député). On ne peut pas utiliser **dont**.

Mais on peut dire:

Les étudiants que vous avez rencontrés chez ma tante et **dont** vous ne connaissez pas l'adresse habitent Paris.

Il n'y a pas de rapport de possession entre **tante** et **étudiants**.

On peut aussi dire, bien que ce ne soit guère élégant:

Voici la dame **dont** vous avez dansé avec la fille.   (**dont** ne suit pas le nom **la fille**).

E. Quand le pronom relatif remplace une expression indéterminée (c'est-à-dire une idée et non pas un nom), on emploie les formes **ce qui** pour le sujet, **ce que** pour le complément d'objet, (**ce**) + **préposition** + **quoi** pour le complément prépositionnel et **ce dont** (**ce de quoi**) pour le complément de la préposition **de**:

L'inflation augmentait de jour en jour, **ce qui** a forcé le gouvernement à prendre des mesures énergiques.
Je viens vous demander un service, **ce que** je n'ai jamais encore fait.
Nous lancerons une campagne publicitaire, **après quoi** nous mettrons le produit sur le marché.
Elle n'a pas voulu me parler, **ce dont** (**ce de quoi**) je m'étonne.

L'emploi ou l'omission de **ce** dans les formes **ce** + **préposition** + **quoi** est un problème compliqué. D'une façon générale, on emploie **ce** au début d'une phrase:

Ce contre quoi je proteste est un abus inadmissible.
Ce en quoi vous avez tort me semble être votre intransigeance.
Ce après quoi courent les ambitieux, c'est le pouvoir.

Mais on dirait plutôt:

Je ne comprends pas **contre quoi** vous protestez.
Ils sont intransigeants, **en quoi** ils ont tort.
Voici **en quoi** vous avez tort: vous êtes intransigeant.
Voici **après quoi** courent les ambitieux: le pouvoir.

F. **À, sur, dans, sous** et autres prépositions de lieu + **pronom relatif** sont souvent remplacés par **où** lorsque l'antécédent est une chose:

Le poème **où** (**dans lequel**) se trouve ce vers est de Baudelaire.
La table **où** (**sur laquelle**) j'ai mis mon chapeau est en bois.
La ville **où** (**dans laquelle**) vous allez est encore loin.
Les tentes **où** (**sous lesquelles**) nous avons dormi sont en nylon.

Mais: Washington était le général **sur qui** (**sur lequel**) les insurgés avaient placé tous leurs espoirs. (L'antécédent est une personne.)

On peut également dire:

C'était le temps **où** (**pendant lequel**) Louis XIV régnait.
La paix a été signée le jour **où** (**au cours duquel**) mon fils est né.

Difficultés de traduction

1. Le pronom relatif doit toujours être exprimé en français, même s'il ne l'est pas en anglais:

   The girl you see is my sister.
   La jeune fille **que** vous voyez est ma sœur.

   The house I bought is made of wood.
   La maison **que** j'ai achetée est en bois.

2. On invertit souvent le sujet et le verbe dans des propositions relatives courtes, surtout lorsque le verbe est modifié et qu'il s'agit d'un temps simple:

   Les conférences **que** fait chaque semaine le Professeur Dupont sont intéressantes.
   Les abus **contre lesquels** protestaient les membres de la commission étaient intolérables.

3. Après **dont**, l'ordre normal est sujet, verbe, complément:

   The student whose sister you know is my friend.
   L'étudiant **dont** vous connaissez la sœur est mon ami.

4. On emploie généralement **dont** pour indiquer l'origine quand il s'agit de personnes, de familles, de peuples, etc.:

   La famille **dont** il descend est fameuse.
   The family from which he is descended is famous.

   La tribu **dont** ce guerrier sort est puissante.
   The tribe from which this warrior comes is powerful.

   Quand il s'agit d'un lieu géographique, on emploie **d'où**:

   Le pays **d'où** il vient est en Asie centrale.
   The country from which he comes is in central Asia.

5. Il faut prendre soin d'accorder le verbe d'une proposition relative avec l'antécédent du pronom relatif:

C'est moi qui **suis** l'étudiant dont vous parlez.
C'est nous qui **sommes partis** les premiers.

[42] LE PRONOM INTERROGATIF

A. Le pronom interrogatif présente des formes simples et des formes composées. Les formes simples du pronom interrogatif varient selon leur fonction:

		PERSONNES	CHOSES
INTERROGATION DIRECTE	sujet	**qui**	**qu'est-ce qui**
	complément d'objet	**qui**	**que**
	complément prépositionnel	**qui**	**quoi**
INTERROGATION INDIRECTE[1]	sujet	**qui**	**ce qui**
	complément d'objet	**qui**	**ce que**
	complément prépositionnel	**qui**	**(ce) + prép. + quoi**
	complément de **de**	**qui**	**ce dont** / **(ce) de quoi**

Devant une voyelle ou un **h** muet, **que** s'élide en **qu'**; **qui** ne s'élide jamais:

Qu'avez-vous dit?
Je me demande ce **qu'il** veut.
Qui a dit cela?

---

[1] Une interrogation indirecte est une question contenue dans une proposition déclarative, négative ou impérative:

Qui êtes-vous? (interrogation directe)
Dites-moi qui vous êtes. (interrogation indirecte)
Je ne sais pas qui vous êtes. (interrogation indirecte)

Que désirez-vous? (interrogation directe)
Je vous demande ce que vous désirez. (interrogation indirecte)
Expliquez-moi ce que vous désirez. (interrogation indirecte)

B. Remarquer que l'on emploie toujours **qui** pour les personnes. Les exemples ci-dessous illustrent les différents cas possibles:

INTERROGATION DIRECTE

Qui frappe à la porte? (sujet)
Qui avez-vous rencontré? (complément d'objet)
A qui (**de qui, pour qui, contre qui**, etc.) parlez-vous? (complément prépositionnel)

INTERROGATION INDIRECTE

Dites-moi **qui** frappe à la porte. (sujet)
Dites-moi **qui** vous avez rencontré. (complément d'objet)
Je ne sais pas **à qui** (**avec qui, pour qui, contre qui**, etc.) vous parlez. (complément prépositionnel)
Je me demande **de qui** vous parlez. (complément de **de**)

C. Les formes employées pour les choses varient selon leur fonction. Les exemples ci-dessous illustrent les différents cas possibles:

INTERROGATION DIRECTE

Qu'est ce qui coûte si cher? (sujet)
Qu'avez-vous acheté? (complément d'objet)
A quoi pensez-vous? (complément prépositionnel)
Avec quoi travaille-t-il? (complément prépositionnel)

INTERROGATION INDIRECTE

Je me demande **ce qui** fait ce bruit. (sujet)
Je me demande **ce que** vous avez acheté. (complément d'objet)
Je me demande **ce à quoi** (**à quoi**) il s'intéresse. (complément prépositionnel)
Je voudrais qu'on m'explique **ce dont** (**ce de quoi**) il parle. (complément de **de**)

D. La forme **quoi**, utilisée seule, est exclamative et interrogative:

Quoi! Vous êtes déjà là!
Quoi? Que dites-vous?

E. Dans les interrogations directes, le pronom interrogatif a aussi des formes renforcées, qui appartiennent surtout à la langue parlée. Ces formes sont construites par l'adjonction de **est-ce qui** au pronom interrogatif sujet, et de **est-ce que** au pronom interrogatif complément d'objet et complément prépositionnel. Avec ces formes, l'inversion du sujet et du verbe disparaît. Remarquer qu'il n'y a pas de forme simple qui corresponde à **qu'est-ce qui**:

Qui est-ce qui frappe à la porte ?
Qui est-ce que vous avez rencontré ?
A qui est-ce que vous parlez ?
Qu'est-ce qui coûte si cher ?

Qu'est-ce que vous avez acheté ?
A quoi est-ce que vous pensez ?
Avec quoi est-ce qu'il travaille ?

Remarquer bien que les formes renforcées s'emploient uniquement dans les interrogations directes. Elles ne doivent pas être employées dans les interrogations indirectes.

F. Les formes composées du pronom interrogatif : **lequel, laquelle, lesquels, lesquelles** sont les mêmes que les formes composées du pronom relatif (voir 41-A, p. 135). Ces formes remplacent toujours un nom qui vient d'être mentionné, ou qui va l'être. Elles aussi peuvent être renforcées (voir E, p. 141). Elles s'accordent avec ce nom :

	SINGULIER	PLURIEL
Sujet Complément d'objet Complément prépositionnel	lequel laquelle	lesquels lesquelles
Complément de la préposition **de**	duquel de laquelle	desquels desquelles
Complément de la préposition **à**	auquel à laquelle	auxquels auxquelles

Voici trois médicaments ; **lequel** est le plus efficace ? (**lequel est-ce qui** est le plus efficace ?)
De toutes ces solutions, **laquelle** préférez-vous ? (**laquelle est-ce que** vous préférez ?)
Il y a eu trois congrès cette année ; **auquel** avez-vous participé ? (**auquel est-ce que** vous avez participé ?)
Dites-moi **desquels** de ces films vous avez entendu parler. (interrogation indirecte).
De toutes ces solutions, dites-moi **laquelle** vous préférez. (interrogation indirecte).

[43] L'ADJECTIF INTERROGATIF

A. L'adjectif interrogatif s'accorde avec le nom auquel il se rapporte. Ses formes sont :

quel (masculin singulier)	**quels** (masculin pluriel)
quelle (féminin singulier)	**quelles** (féminin pluriel)

Quel est votre avis ?
Quel narcotique est le plus dangereux ?

Quelle heure est-il ?
Quelle doit être ma réponse ?

Quels médicaments avez-vous pris ?
Quels prisonniers doivent être libérés ?

Quelles sont les dimensions de votre chambre ?
Quelles peuvent être leurs objections ?

B. Comme sujet du verbe **être**, même accompagné d'un verbe semi-auxiliaire, on emploie généralement le pronom interrogatif **qui**, lorsqu'il s'agit d'une personne (voir 42-A, p. 140) :

Qui est votre meilleur ami ?
Qui aurait dû être président ?
Qui peuvent être les responsables de cet attentat ?

On peut cependant employer l'adjectif interrogatif comme sujet du verbe **être** lorsqu'on interroge sur la qualité (plutôt que sur l'identité) d'une personne :

Quel est cet homme ?
- C'est un de nos amis.
- C'est le médecin de la famille.
- C'est celui dont je vous ai parlé.
- C'est un héros.

Qui est cet homme ?
- C'est Monsieur Dupont.
- C'est le docteur Dupont.

C. On emploie l'adjectif interrogatif dans les interrogations indirectes :

Je voudrais que vous me disiez **quelle** voiture vous préférez.
Nous ne savons pas **quel** chemin est le plus court.
La question est de savoir **quels** arguments avancer.

Difficultés de traduction

1. Quand il se rapporte à une personne, l'adjectif interrogatif **quel** peut souvent se traduire par *what, what kind of*, ou *what manner of*:

    Quels sont ces musiciens? Ce sont des violonistes.
    What kind of musicians are those? They are violinists.

    Quelles sont ces jeunes filles? Ce sont des infirmières.
    What are these girls? They are nurses.

2. Quand on s'attend à une définition, *what is* se traduit par la forme **qu'est-ce que c'est que?** ou plus rarement, par **qu'est-ce que?**:

    Qu'est-ce que c'est qu'une caryatide?⎱ Une caryatide est une sculpture
    Qu'est-ce qu'une caryatide? ⎰ architecturale.

    Qu'est-ce que c'est qu'une charrue?⎱
    Qu'est-ce qu'une charrue? ⎰ C'est un instrument agricole.

    Quand il s'agit d'une interrogation indirecte, on emploie **ce que c'est que** ou, plus rarement, **ce qu'est**:

    J'ignore **ce que c'est qu'**une charrue.
    Il cherche à savoir **ce qu'est** la micro-biologie.

3. L'adjectif interrogatif a aussi une valeur exclamative. Dans ce cas, on le traduit généralement par *what (a)*:

    Quelle chance!
    What luck!

    Quel plaisir de vous voir!
    What a pleasure to see you!

    Quelle bonne idée!
    What a good idea!

    Quels beaux chevaux!
    What beautiful horses!

4. L'expression **tel quel (tels quels, telle quelle, telles quelles)** veut dire **sans changements**:

    Voulez-vous emporter cette table **telle quelle**, ou voulez-vous que je la vernisse?
    Do you want to take this table as is, or would you like me to varnish it?

[44] LES PRONOMS INDÉFINIS

A. Le pronom indéfini **chacun, chacune** correspond à l'adjectif indéfini **chaque** (voir 32-D, p. 103):

Mes trois sœurs sont médecins, et **chacune** a une spécialité différente. (*each one*)

Chacun de nous savait ce qu'il devait faire. (*Each one*)

Chacun veut aussi dire **tout le monde**, chaque personne en général. Dans ce cas, il est toujours masculin singulier:

Chacun fait ce qu'il croit juste. (*Each man, Everyone*)

B. Le pronom indéfini **quelqu'un, quelqu'une,**[1] **quelques-uns, quelques-unes** correspond à l'adjectif indéfini **quelque** (voir 32-C, p. 102). Au singulier, ce pronom ne s'applique qu'aux personnes. Au pluriel, il s'applique aux personnes et aux choses:

Quelqu'un sonne à la porte. (*Someone*)

Il semblait attendre **quelqu'un**. (*someone*)

Il était avec **quelqu'un** de ses amis. (*[some] one*)

A la gare, **quelques-uns** arrivaient, d'autres attendaient. (*some [people]*)

Parmi ses tableaux, **quelques-uns** sont magnifiques. (*some [of them], a few [of them]*)

Il ne connaît que **quelques-unes** des étudiantes. (*some of, a few of*)

Quelques-uns, quelques-unes est une expression de quantité, employée avec l'article partitif. A la forme pronominale, il exige donc **en**:

J'ai vu **quelques-unes** de ses pièces; j'**en** ai vu **quelques-unes**. (*some [of them], a few [of them]*)

Avez-vous des livres d'art? Oui, j'**en** ai acheté **quelques-uns**. (*some [of them], a few [of them]*)

---

[1] **Quelqu'une** est rare et toujours suivi d'un **de** partitif:

Elle était avec **quelqu'une** de ses amies.

On dirait plutôt:

Elle était avec ⎰ une de ses amies.
⎱ une dame qui semblait être son amie.
⎱ une amie.
⎱ etc.

Le pronom **quelque chose** correspond au pronom indéfini **quelqu'un, quelqu'une** et s'emploie pour les choses:

Il semblait attendre **quelque chose**. (*something*)
Je voudrais manger **quelque chose** de bon. (*something*)
Quelque chose me dit que je n'aurais pas dû insister. (*Something*)

C. Le pronom indéfini **tout, toute, tous, toutes** correspond à l'adjectif indéfini qui a les mêmes formes (voir 32-J, p. 104). Il indique la totalité de ce à quoi il se réfère:

Ce garçon croit qu'il sait **tout**. (*everything*)
Mes amis étaient **tous** là. (*all*)

Seule la forme **tout** peut s'employer comme complément d'objet sans être en apposition à un autre pronom complément d'objet:

Il comprend **tout**. (complément d'objet direct)
Il s'intéresse à **tout**. (complément d'objet indirect)

Mais: Connaissez-vous ces jeunes filles? Oui, je **les** connais **toutes**. (en apposition à **les**)
Notre médecin **nous** a donné à **tous** des médicaments. (en apposition à **nous**)

Dans les temps composés **tout, toute, tous, toutes** complément d'objet est généralement placé entre le verbe auxiliaire et le participe passé, sauf lorsqu'il est introduit par une préposition:

Il a **tout** compris.
Ils se sont **tous** trompés.

Mais: Ils se sont intéressés **à tout**.

Quand **tout** est suivi d'un pronom relatif, c'est généralement de **ce qui** ou **ce que** (voir 41-E, p. 138):

Fais **tout ce qui** te plaît.
Fais **tout ce que** tu veux.
Il fait **tout ce que** sa femme lui ordonne.

Tous pronom se prononce "tousse". **Tous** adjectif se prononce "tou" (voir Note[1], p. 104).

D. Le pronom indéfini **autre** correspond à l'adjectif indéfini **autre** (voir 32-F, p. 103). Il s'emploie toujours avec un article. Précédé de l'article indéfini, il veut dire : un individu quelconque, différent d'un individu déjà désigné, ou de celui qui parle :

Il a décidé de partir ; **un autre** aurait eu le courage de rester. (*someone else, another*)
C'est elle qui a fait le travail, mais c'est **une autre** qui a été payée. (*another* [*woman*])

Précédé de l'article défini, il s'oppose à **l'un** ou, au pluriel, à **les uns** :

L'un est parti, **l'autre** est resté. (*The one … the other*)
Voici deux drogues : **l'une** est dangereuse, **l'autre** est inoffensive. (*the one … the other*)
Les uns travaillent, **les autres** se reposent. (*Some … some* [*others*])
Aimez-vous **les uns les autres**. (*One another*)

E. Le pronom indéfini **plusieurs** correspond à l'adjectif indéfini **plusieurs** (voir 32-G, p. 103) et veut dire : un assez grand nombre. Il est invariable :

J'ai invité tous mes amis ; **plusieurs** ont refusé de venir. (*several*)
Il a eu une crise cardiaque ; il en a même eu **plusieurs**. (*several*)

F. Le pronom indéfini **on** s'emploie uniquement comme sujet. Il est toujours de la troisième personne singulier, généralement masculin. Il désigne, d'une manière générale, une ou plusieurs personnes.

Les emplois de **on** sont très variés :

1. **On** indéterminé remplace les pronoms personnels de la troisième personne. Dans ce cas, il se rapproche de **quelqu'un** ou de **n'importe qui**.

On a construit une maison. (**Quelqu'un** a) (Dans cette phrase, toute l'importance est donnée à l'action ; la personne ou les personnes qui font l'action ne sont pas importantes.)
C'est merveilleux ! **On** a découvert un médicament qui guérit le cancer.

On m'a dit que l'on[1] va augmenter le prix des billets d'avion.
On ne fait pas toujours ce que l'on[1] veut. (n'importe qui en général...) (Dans cette phrase **on** veut dire: l'humanité en général.)

On l'emploie dans ce sens pour énoncer des maximes:

On a souvent besoin d'un plus petit que soi.   (LA FONTAINE)
On obéit facilement à la personne qu'**on** aime. (MME MONTMARSON)

2. **On** déterminé peut remplacer n'importe quel pronom personnel, quand, pour une raison ou pour une autre, on ne veut pas désigner plus explicitement:

Monsieur, **on** vous aime.   (Par pudeur, au lieu de **je** vous aime.)
Alors, **on** vient enfin voir ses amis?   (Ironiquement, au lieu de **tu** viens... **vous** venez...)
On m'a dit qu'**on** ne voulait plus me voir.   (Ironiquement, au lieu de **il, elle,** m'a dit...)

3. Quand **on** est nettement déterminé, les accords se font, bien que le verbe reste toujours à la troisième personne du singulier:

A quatre heures, **on** était habillées et prêtes à sortir. (**On** désigne un féminin pluriel.)

4. **On** est toujours sujet; le pronom complément d'objet qui correspond à **on** est **te** ou **vous**:

Dans cet hôtel, on **te** sert le petit déjeuner au lit.
Je reviens d'Espagne: les gens **vous** y traitent avec courtoisie.

5. **On** peut s'employer pour éviter le passif (voir 14-F, p. 31).

---

[1] Pour des raisons phonétiques, après **si, où, que** et **et, on** peut être précédé de **l'**, sauf devant **le, la** et **les**:

Si **l'on** est snob, on achète des livres que **l'on** ne lira pas.
On mangera où **l'on** pourra, et **l'on** mangera vite.

Mais: Si **on** le veut, on achètera des fruits et **on** les mangera.

Cet emploi du **l'** appartient surtout à la langue écrite.

Difficultés de traduction

1. **On** peut être traduit en anglais de plusieurs façons; le contexte permet de choisir celle qui convient le mieux:

En France, **on** mange des escargots.

In France,
- *one eats snails.*
- *people eat snails.*
- *men eat snails.*
- *you eat snails.*
- *we eat snails.*
- *they eat snails.*
- *snails are eaten.*

TREIZIÈME LEÇON

[45] L'ADVERBE

A. L'adverbe modifie un verbe, un adjectif ou un autre adverbe:

Nous allons **quelquefois** au théâtre.   (modifie le verbe **aller**)
Madame Curie était une femme **vraiment** géniale.   (modifie l'adjectif **géniale**)
Nous allons **très** rarement au cinéma.   (modifie l'adverbe **rarement**)

B. On distingue les adverbes de manière (qui répondent à la question **comment?**), de quantité (qui répondent à la question **combien?**), de lieu (qui répondent à la question **où?**), de temps (qui répondent à la question **quand?**):

manière: **bien, mal, lourdement, catégoriquement,** etc.
quantité: **assez, très, aussi, trop, peu,** etc.
lieu: **dehors, devant, ici, où, partout, loin,** etc.
temps: **demain, ensuite, quelquefois, toujours, tôt, tard,** etc.

C. La majorité des adverbes de manière se forment par l'adjonction du suffixe **-ment** au féminin singulier de l'adjectif (ou au masculin singulier s'il se termine en **e** muet):

bonne	grande	calme
bonne**ment**	grande**ment**	calme**ment**

Mais: précise   profonde   énorme   aveugle
      précis**ément** profond**ément** énorm**ément** aveugl**ément**

D. Pourtant, si le masculin singulier de l'adjectif se termine par **ai, é, i,** ou **u,** il forme directement l'adverbe par l'adjonction du suffix **-ment**:

vrai	obstiné	joli	éperdu
vrai**ment**	obstiné**ment**	joli**ment**	éperdu**ment**

E. Quand le masculin singulier de l'adjectif a **-ant** pour terminaison, on forme l'adverbe en remplaçant cette terminaison par le suffixe **-amment**:

indépend**ant**   puiss**ant**
indépend**amment**   puiss**amment**

F. Quand le masculin singulier de l'adjectif a **-ent** pour terminaison, on forme l'adverbe en remplaçant cette terminaison par le suffixe **-emment** (qui se prononce "amment"):

déc**ent**   intellig**ent**
déc**emment**   intellig**emment**

[46] LA COMPARAISON DE L'ADVERBE ET LA PLACE DE L'ADVERBE

A. La comparaison de l'adverbe:

1. La comparaison de l'adverbe se fait sur le même modèle que la comparaison de l'adjectif (voir 31, p. 98). Cependant, comme l'adverbe est invariable, l'article défini qui accompagne le superlatif est toujours masculin:

Comparatif d'égalité: **aussi, si**
Comparatif de supériorité: **plus**
Comparatif d'infériorité: **moins**
Superlatif: **le plus, le moins**

Il dépense son argent **aussi** bêtement que vous.
Aucun auteur ne composait **si** facilement qu'Alexandre Dumas.

Les Français ont changé de gouvernement **plus** souvent que les Américains.
Le soleil se lève **moins** tôt en hiver qu'en été.

C'est *Le Monde* qui a analysé la situation **le plus** clairement.
Il faut lui annoncer cette mauvaise nouvelle **le moins** brutalement possible.

2. Certains adverbes se comparent de façon irrégulière (comparer à 31-B, p. 99):

	COMPARATIF	SUPERLATIF
beaucoup	plus[1]	le plus
mal	{ plus mal { pis	{ le plus mal { le pis
bien	mieux	le mieux
peu	moins	le moins

(Voir Diff. de trad. 3, p. 101.)

Eugène Sue a **beaucoup** écrit, Balzac a écrit **plus** que lui, mais c'est Victor Hugo qui a écrit **le plus**.

Personne ne conduit bien chez nous: mon fils conduit **mal**, ma femme conduit **plus mal** que lui, et c'est moi qui conduis **le plus mal**.

Personne ne conduit mal chez nous: mon fils conduit **bien**, ma femme conduit **mieux** que lui, et c'est moi qui conduis **le mieux**.

Parmi les fonctionnaires, les douaniers sont **peu** payés, les employés des postes sont payés **moins** que les douaniers, et ce sont les instituteurs que l'on paye **le moins**.

Les formes **pis** et **le pis** sont archaïques, et ne se trouvent plus guère que dans des expressions toutes faites:

aller de mal en pis	*(to go from bad to worse)*
le pis est	*(the worst is)*
il y a pis	*(there is worse, what is worse)*

La situation économique **allant de mal en pis**, le gouvernement a pris des mesures énergiques.

Since the economic situation was going from bad to worse, the government took stringent measures.

La surpopulation est un problème grave, et **le pis est** que l'on ne sait pas comment le résoudre.

Overpopulation is a serious problem, and the worst thing about it is that we don't know how to solve it.

---

[1] L'adverbe **davantage** est pratiquement synonyme de **plus**:

J'aime bien le cinéma, mais j'aime le théâtre **davantage**.
La France a produit quelques grands compositeurs; l'Allemagne en a produit **davantage**.

Les écoles sont surpeuplées, mais **il y a pis**: elles tombent en ruines.
Schools are overcrowded, but what is worse, they are dilapidated.

Il n'y a rien de **pis** que le racisme.
There is nothing worse than racism.

B. Il n'y a guère de règles absolues en ce qui concerne la place de l'adverbe. De façon générale, l'adverbe qui modifie un verbe se place immédiatement après un temps simple, et, quand il s'agit d'un temps composé, entre le verbe auxiliare et le participe passé:

La rivière coulait **lentement** sous le pont.
Je comprends **parfaitement** votre inquiétude.
L'accusé avait **obstinément** refusé les conseils de l'avocat.
Votre roman aura **vraiment** eu du succès.

Cependant, pour mettre l'adverbe en valeur, on peut souvent le placer soit au début, soit à la fin de la phrase:

Lentement la rivière coulait sous le pont.
La rivière coulait sous le pont **lentement**.

Obstinément l'accusé a refusé les conseils de l'avocat.
L'accusé a refusé les conseils de l'avocat **obstinement**.

C. La plupart des adverbes de temps tels que **tôt, tard, aujourd'hui, autrefois, maintenant, d'abord, ensuite**, etc., et de lieu tels que **ici, là, partout, ailleurs**, etc., peuvent se placer soit avant le sujet, soit après le verbe, soit après le complément d'objet:

Maintenant je comprends votre inquiétude.
Je comprends **maintenant** votre inquiétude.
Je comprends votre inquiétude **maintenant**.

Il refuse **d'abord, ensuite** il accepte.
Nous habitons **ici**, mais nous travaillons **là-bas**.
Ailleurs tu seras plus heureux.
Il cherche **partout** la première édition de *La Chute*.

D. Les adverbes de temps et de lieu suivent généralement le participe passé:

J'ai beaucoup travaillé **hier** et je ne pourrai pas travailler **demain**.
Nous l'avons cherché **partout** et nous l'avons trouvé **là-bas**.

Cependant, les adverbes de temps **toujours, souvent** et **déjà** se placent généralement avant le participe passé, et l'adverbe de temps **puis** avant le sujet du verbe:

J'ai **toujours** pensé à lui et je lui ai **souvent** écrit.
Il a **déjà** réussi à trouver un poste intéressant.
Nous sommes allés au cinéma, **puis** nous avons pris un café.

E. Quand ils sont placés au début de la phrase, certains adverbes entraînent l'inversion du sujet et du verbe. Comparez:

Vous m'avez **peut-être** mal compris.
Peut-être m'avez-vous mal compris.

Il devrait **du moins** s'excuser.
Du moins devrait-il s'excuser.

J'avais **à peine** fini qu'il fallait recommencer.
A peine avais-je fini qu'il fallait recommencer.

(Voir Diff. de trad. 2, ci-dessous.)

F. Les adverbes qui modifient un adjectif ou un autre adverbe précèdent le mot qu'ils modifient:

Il a acheté une **très** grande maison qui est **assez** moderne.
Il travaille **trop** lentement, mais **relativement** bien.

Difficultés de traduction

1. Les expressions anglaises *more and more* et *less and less* se traduisent par **de plus en plus** et **de moins en moins**:

She is more and more beautiful.
Elle est **de plus en plus** belle.

This T.V. program becomes less and less interesting every week.
Cette émission de télévision devient **de moins en moins** intéressante chaque
   semaine.

C'est par les mêmes expressions que se traduisent les expressions anglaises du genre *later and later, prettier and prettier*, etc.: **de plus en plus** tard, **de plus en plus** joli(e), etc.

2. Quand l'adverbe **aussi** veut dire *also*, il n'exige pas l'inversion. Quand il veut dire *thus, as a result, consequently,* il l'exige. Comparez:

J'aime les pièces de Corneille et celles de Racine **aussi**. *(also)*

Il connaît la France et **aussi** l'Espagne. *(also)*

Pierre adore la peinture, **aussi** va-t-il souvent au musée. *(thus)*

Je suis fâché avec lui, **aussi** ne lui ai-je pas dit bonjour. *(consequently)*

3. Les expressions **tant pis** (*so much the worse, it can't be helped, it's too bad*) et **tant mieux** (*so much the better, good*) sont d'un emploi très fréquent:

S'ils acceptent, **tant mieux**; s'ils refusent, **tant pis**; personnellement, ça m'est égal.

If they accept, fine; if they refuse, too bad; personally, I don't care.

Si tu ne veux pas de gâteau, **tant mieux**: il y en aura plus pour moi.

If you don't want any cake, so much the better: there'll be more for me.

On ne joue plus "Les Raisins de la colère"? Je voulais le voir, mais **tant pis**.

They are no longer showing "The Grapes of Wrath"? I wanted to see it...well, it can't be helped.

[47] LES ADVERBES DE QUANTITÉ

A. Les adverbes de quantité les plus communs sont:

assez	*enough*	plus	*more*
autant	*as many, as much*	tant	*so many, so much*
beaucoup	*many, a lot of*	tellement	*so many, so much*
combien	*how many, how much*	trop	*too many, too much*
davantage	*more*	aussi	*so*
guère	*hardly*	si	*so*
moins	*fewer, less*	presque	*almost*
peu	*few, little*	très	*very*
un peu	*a little*		

B. Les adverbes de quantité exigent la préposition **de** quand ils introduisent un nom (voir 26-E-2-b, p. 80):

J'ai **beaucoup de** livres et pas **assez de** place.

Il n'a **guère de** tact, mais il a **tant d'**intelligence!

Voulez-vous **un peu de** sucre? **Combien de** morceaux?

C. Les expressions de quantité, c'est à dire les noms de quantité (**une foule, une douzaine,** etc.), les nombres (**deux, mille,** etc.), les adjectifs modifiés par un article partitif (**de beaux, d'intéres-**

sants, etc.) ou les adverbes de quantité (**beaucoup, moins,** etc.) exigent le pronom partitif **en** quand elles sont attributs:

Comme j'aime les pommes, j'**en** achèterai **une douzaine.** (nom de quantité)
Ces bonbons sont excellents; prenez-**en deux** ou **trois.** (nombre)
J'adore les histoires marseillaises; **en** connaissez-vous **de nouvelles?** (adjectif modifié par un article partitif)

—Avez-vous de l'argent?
—Oui, j'**en** ai **un peu,** mais je n'**en** ai pas **autant** que vous. (adverbes)

D. Particularités de certains adverbes de quantité:

1. Les adverbes **aussi** et **si** sont à peu près synonymes. On emploie **si** dans les phrases négatives:

Je suis **aussi** courageux que lui, mais je ne suis pas **si** imprudent.

Tellement remplace **si** pour introduire un verbe:

Il a **tellement** travaillé et il a **si** bien répondu qu'il a reçu le prix.

2. L'adverbe **bien** peut remplacer l'adverbe **très** pour modifier un adjectif ou un autre adverbe:

Vous êtes **très (bien)** aimable et je vous suis **très (bien)** reconnaissant.
Écoute **très (bien)** attentivement et tu comprendras **très (bien)** vite.

Bien de + article défini peut remplacer **beaucoup de:**

J'ai **beaucoup de (bien de la)** peine et **beaucoup de (bien du)** chagrin.
Nous connaissons **beaucoup d' (biens des)** histoires marseillaises.

Difficultés de traduction

1. Contrairement à ce qui se passe en anglais, **beaucoup** ne peut pas être modifié par un autre adverbe de quantité:

*Thank you **very much***	*I have **very many** friends*
Merci **beaucoup.**	J'ai **beaucoup** d'amis.

2. Les adverbes de quantité **autant, beaucoup, combien, moins, peu, tant, tellement** et **trop** se traduisent différemment en anglais selon qu'il s'agisse d'une quantité ou d'un nombre :

J'ai **autant** de courage que vous.
*I have **as much** courage as you.*

J'ai **autant** de soucis que vous.
*I have **as many** worries as you.*

J'ai **trop** de travail.
*I have **too much** work.*

J'ai **trop** de responsabilités.
*I have **too many** responsibilities.*

3. Remarquer les différentes traductions de *most* en français :

*It is **most** interesting.* (*adverb*)
C'est **très** intéressant.

*He is **the most** interesting man I know.* (*adverb*)
C'est l'homme **le plus** intéressant que je connaisse.

Most jewels are expensive. (*adjective*)
La plupart des bijoux sont chers.

4. L' adverbe de manière **comme** et les adverbes de quantité **combien** et **que** utilisés dans une exclamation correspondent à l'anglais *how* :

Comme vous êtes belle!	*How beautiful you are!*
Combien je vous aime!	*How I love you!*
Que tu dois être heureux!	*How happy you must be!*

(Voir Diff. de trad. 3, p. 144.)

5. Les adjectifs **quelque, même** et **tout** peuvent jouer le rôle d'adverbes :

J'ai **quelque** trois cents livres dans ma bibliothèque. (... *some three hundred books ...*)
La guerre est une calamité; c'est **même** la pire des calamités. (... *it is even the worst of calamities.*)
Elles ont été **tout** étonnées d'apprendre ton départ. (... *quite surprised to learn of your departure.*)

[48] LA NÉGATION

A. Les adverbes de négation:

    1. L'adverbe de négation **ne...pas**:

        a. Pour mettre un temps simple du verbe au négatif, on le fait précéder de l'adverbe **ne** et suivre de l'adverbe **pas**:

Je suis fatigué.   Je **ne** suis **pas** fatigué.

Un pronom complément d'objet qui précède le verbe négatif se place entre **ne** et le verbe:

Vous **ne lui** parlez **pas**.
Ne nous dérangez **pas**.

Quand il y a inversion du verbe et du sujet, **ne** précède le verbe et **pas** suit le pronom sujet:

Ne chantez-vous **pas**?
Ne veut-elle **pas** venir avec nous?

L'élision se produit entre **ne** et une voyelle ou un **h** muet:

Je **n'**ai **pas** faim.
Il **n'**hésite **pas**.

        b. Pour un temps composé, les remarques ci-dessus s'appliquent au verbe auxiliaire:

Je **n'**ai **pas** été fatigué.
Vous **ne** lui avez **pas** parlé.
N'avez-vous **pas** chanté?

        c. Pour mettre un infinitif au négatif, on le fait précéder de **ne pas**:

Il trouve toujours une raison de **ne pas** travailler.
Vous pouvez prendre ma voiture à condition de **ne pas** conduire trop vite.
Elle continuè à **ne pas** vouloir sortir avec moi.

Dans le cas des verbes **avoir** et **être**, on peut aussi faire précéder l'infinitif par **ne** et le faire suivre par **pas**:

Prenez un sandwich pour **ne pas** avoir faim plus tard.
ou: Prenez un sandwich pour **n'**avoir **pas** faim plus tard.

Vous avez de la chance de **ne pas** être malade.
ou: Vous avez de la chance de **n'**être **pas** malade.

Quand **ne pas** précède l'infinitif, les pronoms compléments d'objet suivent **pas**:

Je vous demande de **ne pas** $\begin{cases} \text{nous regarder.} \\ \text{leur parler.} \\ \text{les lui donner.} \end{cases}$

d. Certains verbes peuvent omettre le **pas**. En particulier:

Savoir: Je ne saurais (pas) vous le dire.
Pouvoir: Nous regrettons de ne (pas) pouvoir accepter.
Cesser: Il ne cesse (pas) de pleuvoir.
Oser: Ils n'osaient (pas) entrer.

2. D'autres adverbes de negation—**ne...point** (plus fort que **ne...pas** et plus littéraire), **ne...guère**, **ne...plus**, **ne... jamais**—s'emploient de la même façon que **ne...pas**:

Il **n'**a **point** de pitié.
Je **ne** suis **guère** fatigué.
Je **n'**ai **plus** faim.
Il **n'**a **jamais** hésité à exprimer son opinion.

3. Dans une proposition elliptique sans verbe, seule la deuxième partie de l'adverbe de négation est employée, puisque **ne** accompagne obligatoirement un verbe:

Il est parisien, **pas** marseillais.

—Vous êtes fatigué? —**Pas** moi.
—Avez-vous faim? —**Plus** maintenant.
—Êtes-vous allé en France? —**Jamais**.[1]
—Voulez-vous déjeuner dans ce restaurant? —Pourquoi **pas**?

---

[1] **Jamais** peut être employé seul comme réponse à une question. **Plus** et **pas** ne sont jamais employés seuls:

—Es-tu sorti avec elle? —**Jamais**.
—Sors-tu encore avec elle? —Non, je ne sors **plus** avec elle.
—Sors-tu avec elle ou pas? —Je ne sors **pas** avec elle.

Dans une proposition elliptique sans verbe, on peut aussi employer les formes **non pas, non point, non guère, non plus,** plus énergiques:

Il est parisien, **non pas** marseillais.
Elle est aimable, **non point** obséquieuse.
J'aime le poulet mais **non guère** la dinde.
Cette année, nous étudions le grec et **non plus** le latin.

B. Les conjonctions négatives:

1. La conjonction **ni** peut joindre deux propositions négatives. Le **pas** négatif est souvent omis dans la première proposition, et presque toujours dans la deuxième:

Je ne les connais (pas) **ni** ne veux les connaître.

Ni peut aussi joindre deux propositions subordonnées qui dépendent de la même proposition principale négative:

Il ne faut pas que vous lui parliez **ni** que vous lui écriviez.

Répétée, la conjonction **ni** précède les parties semblables d'une proposition (sujets, verbes, compléments d'objet). Dans ce cas, **pas** est toujours omis:

Ni lui, **ni** elle, **ni** vos amis ne savent l'anglais.   (sujets)
Je ne veux **ni** manger, **ni** boire, **ni** dormir.   (verbes)
Je ne connais **ni** le président **ni** le trésorier.   (compléments d'objet)

On remarque que lorsque **ni** est employé, **ne** doit précéder le verbe.

Pour l'omission de l'article avec **ni…ni,** voir 27-C-3, p. 84.
Pour l'usage du pronom personnel tonique avec **ni…ni,** voir 39-B-7, p. 130.

2. La conjonction **ne…que:**

On classe souvent **ne…que** parmi les adverbes, car **ne… que** signifie **seulement, uniquement. Ne** précède le verbe et **que** introduit le mot auquel s'applique la restriction:

Je **ne** mange **que** des légumes.   (seulement des légumes)
Il **ne** pouvait **qu'**accepter ma proposition.   (seulement accepter)

Il **ne** pouvait accepter **que** ma proposition. (seulement ma proposition)

Je **ne** connais, parmi toutes ces personnes, **que** Jacques. (seulement Jacques)

On ne peut employer **ne...que** pour modifier le sujet. Il faut dans ce cas employer l'adjectif **seul** ou l'expression **il n'y a que**:

Je mange **seulement** des légumes. (modifie le complément d'objet)

Je **ne** mange **que** des légumes. (modifie le complément d'objet)

Seul Jacques a mangé des légumes. (modifie le sujet)

Il n'y a que moi (que Jacques) qui mange des légumes. (modifie le sujet)

Ne...que peut introduire un pronom complément d'objet. Dans ce cas, le pronom sera tonique (voir 39-B-2, p. 128).

C. Les pronoms négatifs:

Les pronoms négatifs **rien** et **personne**[1] peuvent être sujet ou complément d'objet. Ils exigent que le verbe soit précédé par **ne**:

Rien ni **personne ne** me fera changer d'avis (sujets)

Il **ne** veut **rien** comprendre ni écouter **personne**. (compléments d'objets)

Qui est-là? **Personne.** (proposition sans verbe)

Que désirez-vous? **Rien**, merci. (proposition sans verbe)

Dans le cas d'un temps composé, **rien** est placé entre l'auxiliaire et le participe passé, ou devant l'infinitif. **Personne** est placé après le participe passé ou après l'infinitif:

Nous **n'**avons **rien** vu.

Je vous conseille de **ne rien** dire.

Nous **n'**avons vu **personne**.

Il **ne** veut voir **personne**.

D. Les adjectifs négatifs:

Les adjectifs négatifs **aucun, aucune, nul** et **nulle** sont synonymes, bien que **nul** soit rarement employé dans la conversation.

---

[1] Le pronom **personne** est masculin singulier:

Personne ici n'est français.

Ils peuvent modifier le sujet ou le complément d'objet. Dans les deux cas, ils exigent que le verbe soit précédé par **ne**:

Aucune machine **n'**est capable de penser.
Je **ne** connais **nul** homme plus fort que lui.

On peut aussi dire:

Il n'y a pas de machine qui soit capable de penser.
Je ne connais personne qui soit plus fort que lui.

    E.   Combinaison de négatifs:

        1.   Employés ensemble, un négatif adverbial précède un pronom négatif:

            Nous **n'**avons **plus rien** dit.
            Il **ne** m'a **jamais rien** appris.
            Je **ne** l'ai **plus jamais** revu.

        2.   Les négatifs adverbiaux peuvent se combiner avec **ne...que**:

            Il **n'**y a **plus guère que** les érudits qui lisent le grec.

Difficultés de traduction

1. **Jamais** est souvent mis en valeur au début de la phrase. Dans ce cas, **ne** précède encore le verbe, quoi qu'il n'y ait pas inversion du sujet et du verbe comme en anglais:

Never have I seen such a spectacle.
Jamais je **n'**ai vu un tel spectacle.

2. Il faut remarquer que **jamais** est aussi un adverbe traduit en anglais par *ever*. Dans ce sens, il n'est employé, en français comme en anglais, que dans une phrase qui a un verbe:

*Have you **ever** met Mrs. Dupont? No, never.*
Avez-vous **jamais** fait la connaissance de Mme Dupont? Non, jamais.

*If you **ever** meet her, don't talk to her about me.*
Si **jamais** vous la rencontrez, ne lui parlez pas de moi.

3. L'expression **ne faire que** + **infinitif** se traduit en anglais par *to* + *infinitive* + *all the time* ou par *to do nothing but* + *infinitive*:

Ce bébé **ne fait que** pleurer.
This baby cries all the time.

Il **ne fait que** jouer toute la journée.
He does nothing but play all day.

[49] *NE* EXPLÉTIF (OU PLÉONASTIQUE)

A. Le **ne** explétif s'emploie après les comparaisons d'inégalité:

> Les enfants comprennent **plus** souvent **qu'**on (**ne**) le pense.
> Cette table est **moins** chère **qu'**elle (**ne**) paraît.
> Ma note est **meilleur que** je (**ne**) l'espérais.
> La situation semblait **pire que** je (**ne**) craignais.

Mais: Ma note est **aussi** bonne que je l'espérais. (comparatif d'égalité)

Si le verbe de la proposition principale est négatif, le **ne** explétif disparaît:

> Mes notes ne sont jamais **meilleures que** je l'espérais.
> La situation ne semblait pas **pire que** je craignais.

B. Le **ne** explétif apparaît souvent dans certaines phrases au subjonctif. En particulier:

1. Après les conjonctions **avant que, à moins que,** etc. (voir 18-B, p. 44):

> L'avion arrivera **avant qu'**il **ne** fasse nuit, **à moins que** les vents **ne** soient contraires.

2. Après les verbes ou les locutions qui expriment la crainte, et, par extension, l'empêchement (voir Note[1], p. 38). Le **ne** explétif disparaît au négatif:

> J'ai peur que la guerre **n'**éclate.
> Évitez que ce jeune homme **ne** vienne.

Mais: Je ne crains pas que la guerre éclate.

QUATORZIÈME LEÇON

[50] **LES PRÉPOSITIONS**

Les prépositions les plus importantes et qui présentent des difficultés pour l'étudiant de langue anglaise sont: **à, chez, dans, de, en, par** et **pour**.

A. La préposition **à**:

    1. Quand **à** introduit le nom complément d'objet indirect, elle ne peut pas être omise, comme c'est souvent le cas en anglais (***to***):

J'ai écrit **à** mon père et téléphoné **à** ma mère.
I wrote my father and telephoned my mother.

Je dois cent francs **au** médecin et dix francs **à** l'infirmière.
I owe the doctor a hundred francs and the nurse ten.

    2. Avec les noms de villes, **à** indique le lieu ou la direction (***in, to, at***):

Je n'ai jamais été **à** Paris, mais quand j'étais étudiant **à** Marseille j'allais souvent **à** Rome.

    3. Avec les noms masculins de pays, **à** indique le lieu ou la direction (***in, to***). La présence de l'article défini est obligatoire:

Je n'ai jamais été **au** Canada, mais quand j'étais étudiant **au** Mexique, j'allais souvent **aux** États-Unis.

(Voir E-2, p. 169.)

4. **À** sert à former des locutions adverbiales de lieu (*in, at*, etc.):

Ce garçon est insupportable: à l'école il ne travaille pas, à la maison il désobéit à ses parents et il passe son temps **au** cinéma et **au** café.

5. **À** suivi d'un nom ou d'un infinitif indique souvent l'usage auquel un objet est destiné (voir 22-E-2, p. 59):

Dans ce magasin vous pourrez acheter une brosse à dents, une lime à ongles, des cuillers à soupe et de la cire à cacheter.

6. **À** remplace souvent **avec** pour souligner que le deuxième nom est une partie distinctive du premier:

l'homme **à** barbe noire	les patins **à** roulettes
la dame **aux** camélias	les tartes **à** l'ananas
une fille **aux** yeux bleus	la peinture **à** l'huile
le bateau **à** vapeur	

7. Dans le cas d'une proposition adverbiale de manière où il s'agit d'un moyen de locomotion qu'on enfourche (bête ou véhicule) on emploie **à** (comparer à F-3, p. 169):

à cheval	à dos d'âne
à bicyclette	à motocyclette

On dit aussi **à** pied:

Partirez-vous **à** pied ou **à** bicyclette?

8. Les verbes **être** et **appartenir**, suivis de **à** indiquent la possession:

Ce livre **est à** Pierre, il n'**appartient** pas **à** sa sœur.

9. Dans beaucoup de propositions adverbiales, où l'anglais emploie *in*, le français exige **à**:

à voix basse	**au** soleil	à la main
in a low voice	*in the sun*	*in the hand*
au temps de	à l'heure	**au** pas
in the time of	*in time*	*in step*

10. Quand un infinitif dépend d'un autre verbe, d'un nom ou d'un adjectif, il est souvent introduit par **à** (voir 22-C, p. 57, et 22-D, p. 58).

B. La préposition **chez** signifie **dans la demeure de, dans le magasin de, dans le pays de, dans tel ou tel groupe ou milieu de la société**:

Il est venu habiter **chez** moi.
J'ai acheté du pain **chez** le boulanger.
Demain matin je dois aller **chez** le médecin, et le soir je vais **chez** des amis.
Chez les Italiens, on mange des macaronis.
Chez les catholiques, le divorce n'est pas permis.

Au figuré, **chez** veut dire dans la personne, dans l'œuvre:

Chez vous le problème est différent.
Chez Voltaire, l'ironie est mordante.

C. La préposition **dans**:

1. **Dans** indique le lieu; lorsqu'il s'agit d'un lieu bien délimité elle a souvent le sens de **à l'intérieur de**:

Il a mis les papiers **dans** une enveloppe, l'enveloppe **dans** sa serviette, sa serviette **dans** sa valise.
Le quinze juin, les premières troupes allemandes étaient déjà **dans** Paris.
Il s'est mis **dans** la tête d'aller **dans** la lune.
Dans notre pays, les enfants ne jouent pas **dans** les rues.

2. **Dans** indique le lieu lorsqu'il s'agit d'un nom de pays modifié (par un adjectif, une proposition relative, etc.):

J'ai voyagé **dans** toute la France, ainsi que **dans** l'Italie du Nord.
Mais: J'ai voyagé **en** France et **en** Italie.

(Voir E-2, p. 169.)

3. **Dans** veut dire: **après** ou **à la fin de** lorsqu'il s'agit d'une indication de temps:

Je reviendrai **dans** une heure.
Ils auront fini **dans** quinze jours.

4. Avec le verbe **prendre, dans** se traduit par *out of*:

Prenez vingt francs **dans** mon portefeuille.
*Take twenty francs **out of** my wallet.*

D. La préposition **de**:

1. **De** indique la possession (voir A-8, p. 166):

Les problèmes **de** l'industrie ne sont pas les mêmes que ceux **de** l'agriculture.

2. Quand il s'agit d'une œuvre littéraire ou artistique, **de** introduit le nom ou la phrase qui identifie l'auteur:

Ce tableau-ci est **de** Van Gogh et celui-là **d'**un peintre inconnu.
Préférez-vous les sonnets **de** Baudelaire ou les poèmes **de** son ami Gautier?[1]

3. Avec les verbes **venir, sortir, arriver, s'éloigner, partir**, etc., **de** introduit le lieu d'origine:

Il est arrivé **de** Paris, mais sa femme n'a pas voulu s'éloigner **de** la capitale.

On remarquera que le verbe **quitter** introduit le lieu d'origine sans préposition.

Il a **quitté** le salon.
Ils ont dû **quitter** la France.

4. **De** introduit souvent le matière dont est fait un objet (voir E-4, p. 170):

une robe **de** soie
le rideau **de** fer
un soldat **de** plomb

De même, **de** introduit souvent un nom qui qualifie un autre nom:

une robe **de** chambre
un officier **de** cavalerie
une agence **de** voyage
une voiture **de** course

---

[1] Comparer:

A qui est ce livre (à qui appartient ce livre)?
De qui est ce livre (qui est l'auteur de ce livre)?

5. **De** peut indiquer un rapport de cause entre le verbe et le nom complément :

Il a rougi **de** honte.
Je meurs **de** faim.
Les enfants criaient **de** joie.

6. Dans une proposition adverbiale de manière, **de** introduit le nom modifié par un article indéfini :

Il m'a regardé **d'**un air furieux, et m'a parlé **d'**une voix hésitante.

Cependant, lorsque le nom n'est pas modifié par un article indéfini on emploie **avec** :

Il m'a regardé **avec** fureur et m'a parlé **avec** hésitation.

7. Quand **quelque chose, rien, quelqu'un** et **personne** sont modifiés par un adjectif, cet adjectif est introduit par **de** :

Je voudrais manger quelque chose **de** bon.
Il ne dit jamais rien **d'**intelligent.
C'est quelqu'un **de** bien informé qui m'a dit cela.
Dans cet accident, il n'y a eu personne **de** blessé.

8. Le complément du superlatif est introduit par **de** (voir 31-F, p. 101).

E. La préposition **en** :

1. **En** ne s'emploie pas devant un article défini (voir 26-E-1, p. 79).

2. **En** introduit le nom des pays féminins, pour indiquer le lieu ou la direction :

Je passe généralement mes vacances **en** Grèce, mais cette année je vais **en** Turquie aussi.

(Comparer à A-3, p. 165.)

3. **En** introduit le moyen de transport lorsqu'il s'agit d'un véhicule dans lequel on entre (comparer à A-7, p. 166) :

Préférez-vous voyager **en** train ou **en** autocar ?

Cependant on dit :

Certaines personnes détestent voyager **par** avion.

4. **En** introduit souvent la matière dont est fait un objet (voir D-4, p. 168):

J'ai acheté un sac **en** cuir et une montre **en** or.

L'usage détermine s'il faut employer **de** ou **en**. Les deux prépositions sont souvent possibles. **De** indique plutôt a sorte d'objet dont il s'agit, **en** met en valeur la matière dont l'objet est fait:

un sac **de** cuir *a leather bag*
un sac **en** cuir *a bag made of leather*

5. Devant une expression de temps, **en** indique la durée nécessaire à l'accomplissement d'une action:

L'avion a traversé l'Atlantique **en** six heures.
La population de l'Amérique latine a doublé **en** vingt ans.

6. **En** introduit l'année, le mois, la saison qui indique quand a lieu une action:

Je suis né ⎰ **en** mars.
⎱ **en** automne.
⎱ **en** 1930

Nous reviendrons ⎰ **en** août.
⎱ **en** été.
⎱ **en** hiver.

Cependant, on dit:

au printemps.

Je pars **en** vacances ⎰ **en** avril.
⎱ **au** printemps.
⎱ **en** 1973.

7. Pour **en** introduisant le participe présent, voir 23-C, p. 62.

F. La préposition **par**:

1. La préposition **par** peut avoir le sens de **à travers**:

Puisqu'il n'a pas pu entrer **par** la porte, il est entré **par** la fenêtre.
Nous avons passé **par** Paris, **par** la Bourgogne et **par** la Suisse.

2. Au sens figuré, **par** introduit le moyen ou l'agent:

Qui vit **par** l'épée, périra **par** l'épée.
C'est **par** la radio que j'ai appris la nouvelle.

3. **Par** n'introduit un infinitif que dans les expressions idiomatiques **commencer par** et **finir par**:

Commencez par travailler, vous finirez par comprendre.
Start by working, eventually you will understand.

4. **Par** introduit souvent l'agent dans une proposition au passif:

Il a été arrêté **par** la police.
Je suis préoccupé **par** ce problème.

G. La préposition **pour**:

1. **Pour**, suivi d'une proposition infinitive, indique le but:

Il faut une politique cohérente **pour** résoudre la crise du logement.

2. **Pour** veut aussi dire **à la place de, en échange de**:

Il ne faut pas traduire mot **pour** mot.
Pour tout salaire, j'ai reçu cent francs.

Difficultés de traduction

1. Ne pas confondre:

penser **à** quelque chose ou **à** quelqu'un
to think about something or someone

penser du bien (du mal) **de** quelque chose ou **de** quelqu'un
to think well (ill) of something or someone

A quoi penses-tu?	*What are you thinking about?*
A qui penses-tu?	*Whom are you thinking of?*
Que pensez-vous **de** mon idée?	*What do you think of my idea?*
J'**en** pense beaucoup de bien.	*I like it very much.*

2. Un grand nombre de propositions exclamatives se forment avec des prépositions. Par exemple:

A demain!	*See you tomorrow!*
A vendredi!	*See you on Friday!*
A moi!	
Au secours!	*Help!*
A l'aide!	
A la soupe!	*Come and get it!*

En avant!	*Forward!*
En route!	*Let's go!*
En voiture!	*All aboard!*
En vitesse!	*Make it snappy!*
Par ici!	*This way!*
Par exemple!	*Well, what do you know!*

⚶ *Partie B*

[51] LES NOMBRES

A. Les nombres cardinaux (ou adjectifs numéraux cardinaux):

1. **Un** a une forme féminine **une**:

J'ai deux chemises et **une** cravate.
Il y a quatorze garçons et vingt et **une** filles dans cette classe.

2. Quand **vingt** et **cent** sont multipliés, ils ont une forme plurielle: quatre-vingt**s**, trois cent**s**.

3. Cependant, lorsque **vingt** et **cent** sont suivis d'un autre nombre, ils restent au singulier: vingt-huit, quatre-vingt-sept, cent quatre, deux cent neuf.

4. **Mille** n'est jamais pluriel: cinq mille, deux mille trois. Quand il s'agit d'une date, et que **mille** est suivi d'un ou de plusieurs autres nombres, on écrit de préférence **mil**:

On crut que le monde finirait en l'an **mille**.
Jeanne d'Arc fut canonisée en l'an de grâce **mil** neuf cent vingt.

Cependant, pour les dates antérieures à l'ère chrétienne on garde généralement l'orthographe **mille**:

Le pharaon Ramsès II mourut vers **mille** deux cent soixante cinq avant J.C.

5. La conjonction **et** s'emploie dans les nombres 21, 31, 41, 51, 61, 71 (**vingt et un, trente et un, … soixante et onze**) mais pas dans les nombres 81, 91, 101 (**quatre-vingt-un, quatre-vingt-onze, cent un**).

6. Les nombres cardinaux présentent certaines complications en ce qui concerne la prononciation :

2	deux	9	neuf	20	vingt
3	trois	10	dix	60	soixante
5	cinq	11	onze	77	soixante-dix-sept
6	six	17	dix-sept	78	soixante-dix-huit
7	sept	18	dix-huit	80	quatre-vingts
8	huit	19	dix-neuf	100	cent

a. Les règles normales de la liaison s'appliquent pour **x** et **s** qui deviennent [z]; **f** devient **v** dans deux expressions seulement : **neuf ans** [nœ vã] et **neuf heures** [nœ vœr].

b. Les consonnes finales se prononcent, sauf devant une autre consonne ou devant une **h** aspirée. Les règles de la liaison s'appliquent pour **six** et **dix**. Quand ces nombres sont isolés, on les prononce [sis] et [dis].

c. Il n'y a pas élision devant **huit** et **onze** :

Les numéros gagnants sont **le** huit et **le** onze.

d. Exceptionnellement l' **x** de **dix** se prononce [s] dans dix-sept [dissɛt].

e. L'**x** de **dix** se prononce [z] : dix-huit [di zyit], dix-neuf [diz nœf].

f. Le **t** de **vingt** se prononce de vingt et un à vingt-neuf, mais ne se prononce pas dans vingt, ni de quatre-vingts à quatre-vingt-dix-neuf.

g. Le **t** de **cent** ne se prononce pas devant **un, une, huit** ou **onze**. Autrement les règles de la liaison s'appliquent.

B. Les nombres ordinaux (ou adjectifs numéraux ordinaux):

1. On forme la plupart des nombres ordinaux en ajoutant le suffixe **-ième** au nombre cardinal; si le nombre cardinal se termine en **e** muet, cet **e** muet disparaît:

septième	quatorzième	cinquante et unième
onzième	seizième	trois cent deuxième

2. Cependant:

 a. Le nombre ordinal correspondant à **un, une** est **premier, première**; remarquer que l'on dit cependant **vingt et unième, trois cent unième,** etc.

 b. Le nombre ordinal correspondant à **cinq** est **cinquième** (avec **u**).

 c. Le nombre ordinal correspondant à **neuf** est **neuvième** (**f** devient **v**).

3. Il existe une forme **second, seconde** qui remplace généralement **deuxième** lorsqu'il s'agit d'une série limitée à deux unités:

La première fois, j'ai accepté; la **deuxième** fois aussi; mais la troisième fois j'ai refusé.
La première fois j'ai accepté, mais la **seconde** fois j'ai refusé.

C. Les nombres collectifs:

1. Les nombres collectifs se forment généralement en ajoutant le suffixe **-aine** au nombre cardinal; dans ce cas ils sont toujours au féminin. Si le nombre cardinal se termine en **e** muet, cet **e** muet disparaît lorsqu'on ajoute le suffix **-aine**. Le **x** de **dix** devient un **z** devant le suffixe **-aine**. Les principaux nombres collectifs sont:

une huitaine	une cinquantaine
une dizaine	une soixantaine
une douzaine	une centaine
une quinzaine	**un** millier
une vingtaine	**un** million
une trentaine	**un** milliard ou **un** billion (1,000 *millions*)
une quarantaine	

2. Les nombres collectifs terminés en **-aine** (ainsi que le nombre collectif **un millier**) ont généralement un sens approximatif, et veulent dire: à peu près dix, trente, cent, etc. unités:

Dans la foule, il y avait une **trentaine** de militaires en uniforme.
Je ne sais pas combien coûte ce veston; une **centaine** de francs, je crois.

Cependant le nombre collectif **une douzaine** est très souvent employé dans le commerce; dans ce cas, il indique douze unités:

Les tomates coûtent trois francs la **douzaine**.
Je voudrais une **douzaine** d'œufs et une **demi-douzaine** d'artichauts.

3. Les nombres collectifs sont des expressions de quantité, comme les adverbes de quantité (voir 47, p. 156). Ils exigent donc l'article partitif **de** quand on les emploie devant un nom, et le pronom partitif **en** devant le verbe quand ils sont attributs:

Je désire une douzaine **de** pommes.
J'ai acheté trois douzaines **d'**œufs.
J'avais besoin de mouchoirs, et je m'**en** suis acheté une dizaine.

D. Les fractions.

1. Normalement, une fraction se compose d'un nombre cardinal comme numérateur et d'un nombre ordinal comme dénominateur:

$\frac{3}{8}$ trois huitièmes
$\frac{7}{16}$ sept seizièmes
$\frac{15}{31}$ quinze trente et unièmes

2. Cependant les fractions suivantes ont des noms spéciaux:

$\frac{1}{2}$	un demi	$5\frac{1}{2}$	cinq et demi
$\frac{1}{3}$	un tiers	$4\frac{1}{3}$	quatre (et) un tiers
$\frac{2}{3}$	deux tiers	$8\frac{1}{4}$	huit (et) un quart
$\frac{1}{4}$	un quart	etc.	
$\frac{3}{4}$	trois quarts		

3. Le nom qui correspond à la fraction $\frac{1}{2}$ est **la moitié**:

Je voudrais un demi-litre de vin.
Il y a trop de vin dans cette bouteille; je n'en boirai que **la moitié**.

4. Quand un nombre qui comprend la fraction **demi** est employé avec un nom, **et demi** ou **et demie** (selon le genre du nom) suivra le nom.

J'ai vingt-deux ans **et demi**.
Nous avons rendez-vous à quatre heures **et demie**.

E. Les opérations arithmétiques :

1. Addition : on dit 7 **et** 8 **font** 15, 14 **et** 3 **font** 17.

2. Soustraction : on dit 9 **moins** 3 **font** 6, 21 **moins** 2 **font** 19.

3. Multiplication : on dit 4 **fois** 5 **font** 20, 3 **fois** 40 **font** 120.

4. Division : on dit 27 **divisé par** 3 **fait** 9, 8 **divisé par** 4 **fait** 2.

Difficultés de traduction

1. Le nombre ordinal qui, en anglais, forme partie des noms des souverains se traduit en français par un nombre cardinal, sauf quand il s'agit de *the first*, qui se traduit par **premier** dans le cas d'un roi et par **première** dans le cas d'une reine. On remarquera que les noms de souverains ne comportent pas d'article, contrairement à ce qui se passe généralement en anglais :

Francis I	François Ier
(*Francis the First*)	(François **Premier**)
Henry IV	Henri IV
(*Henry the Fourth*)	(Henri **Quatre**)
Charles XI	Charles XI
(*Charles the Eleventh*)	(Charles **Onze**)

2. Les nombres collectifs peuvent traduire l'expression *about ten, fifteen, twenty, etc., units* :

*I'll return in **about ten days**.*
Je reviendrai dans **une dizaine de jours**.

*This jacket costs **about forty dollars**.*
Ce veston coûte **une quarantaine de dollars**.

[52] LA DATE ET L'HEURE

A. On peut exprimer l'année de deux façons:

1789: **dix-sept cent** quatre-vingt neuf, ou
mil sept cent quatre-vingt neuf.

1960: **dix-neuf cent** soixante, ou
mil neuf cent soixante.

B. Les noms des mois sont tous masculins, et ne prennent pas de majuscule:

L'année[1] dernière, **novembre** a été très pluvieux.

C. Quand on écrit une date, l'ordre est: jour, mois, année. On emploie les numéros cardinaux pour indiquer le jour, sauf si le jour est le premier du mois. On fait généralement précéder la date de l'article **le**:

le 4 janvier 1948   le 1er mai 1817

D. Les noms des jours de la semaine sont tous masculins, et ne prennent pas de majuscule:

J'ai passé un **dimanche** très reposant.

Pour l'emploi de l'article avec les jours de la semaine, voir 26-D-2-c, p. 78.

---

[1] Les formes féminines **année, journée, matinée, soirée** correspondent aux formes masculines **an, jour, matin, soir.** Dans certains cas, les formes masculines et les formes féminines sont interchangeables. Dans d'autres cas, l'usage a déterminé quelle forme doit être employée. D'une manière générale, on peut dire que:

Les formes masculines expriment l'unité de temps, les périodes indivisibles:

Tous les quatre **ans,** le mois de février a 29 jours.
La location de cette voiture me coûte 50 francs par **jour.**
Ils sont arrivés hier **matin.**
Tous les **soirs,** j'écoute les informations à la radio.

Les formes féminines expriment plutôt la durée de temps, ou ce qui se passe pendant l'unité de temps:

Elle a été malade toute l'**année.**
Il a reçu vingt personnes pendant la **journée.**
Le facteur passe une fois dans la **matinée** et une fois dans la **soirée.**

E. Il y a trois façons d'exprimer la date lorsqu'on mentionne le nom du jour de la semaine:

lundi 24 avril 1952
le lundi 24 avril 1952
lundi, le 24 avril 1952

F. En français officiel, les heures sont numérotées de 1 à 24. Ce système est assez répandu. On l'emploie pour les horaires de trains, d'autocars, etc., à la radio et à la télévision, dans les programmes des cinémas ou des théâtres, dans les invitations imprimées et même, bien que rarement, dans la conversation. Dans la langue de tous les jours on emploie plutôt la numération de 1 à 12, et s'il faut éviter une ambiguïté possible, on ajoute, "du matin", "de l'après-midi", "du soir", selon le cas:

LANGUE OFFICIELLE	LANGUE DE TOUS LES JOURS
23 heures 17	11 heures 17 du soir
3 heures 2	3 heures 2 du matin
14 heures 48	$\left\{\begin{array}{l}\text{2 heures 48}\\\text{3 heures moins 12}\end{array}\right\}$ de l'après-midi
12 heures	midi
24 heures	minuit

G. Quand on ajoute un nombre de minutes à l'heure, on n'emploie pas la conjonction **et**:

quatre heures dix-sept

Quand on ajoute la fraction d'heure **demie**, l'emploi de la conjonction **et** est obligatoire:

trois heures **et** demie

Quand on ajoute la fraction d'heure **quart** on peut dire:

huit heures **et** quart, ou huit heures **un** quart

H. Quand on soustrait un nombre de minutes ou la fraction **quart**, il faut employer **moins**:

quatre heures **moins** cinq
midi **moins** le quart

Difficultés de traduction

1. Quand on exprime l'année en anglais, il est possible d'omettre le mot *hundred*. Cela n'est pas possible en français :

   I was born in nineteen (hundred and) twenty two.
   Je suis né en dix-neuf **cent** vingt-deux.

   La préposition **en** traduit la préposition anglaise *in* quand il s'agit d'années ou de mois :

   I was born in 1955.
   Je suis né **en** 1955.

   My birthday is in July.
   Mon anniversaire est **en** juillet.

2. La préposition anglaise *on* ne se traduit pas quand on veut exprimer une date en français :

   She was born on May the twelfth.
   Elle est née le douze mai.

   On December the fourth, I shall be 32.
   Le quatre décembre, j'aurai 32 ans.

3. Il est utile de connaître les expressions idomatiques suivantes :

What is the date today?	Quelle est la date d'aujourd'hui ?
	Quel jour sommes-nous aujourd'hui ?
	Quel jour est-ce aujourd'hui ?
Today is the fifteenth.	Nous sommes le quinze (aujourd'hui).
	C'est aujourd'hui le quinze.
a week from today	d'aujourd'hui en huit
	dans huit jours
two weeks from today	d'aujourd'hui en quinze
	dans quinze jours
three weeks from today	dans trois semaines
next Friday	vendredi prochain
How old are you?	Quel âge avez-vous ?
	Quel est votre âge ?
I am nineteen (years old).	J'ai dix-neuf ans.

What time is it?	Quelle heure est-il ?
It is twelve thirty-five.	Il est midi trente-cinq.

On remarquera que l'on peut dire **huit jours** pour **une semaine** et **quinze jours** pour **deux semaines.**

4. Comme en anglais, une **matinée** est une représentation de théâtre ou de cinéma qui a lieu l'après-midi, et une **soirée** est une fête ou une réception qui a lieu le soir.

APPENDICE
NUMÉRO UN

A. Liste des principaux verbes qui sont suivis directment par l'infinitif complément:

aimer	faillir	rentrer
aimer mieux	falloir	retourner
aller	laisser	revenir
assurer	mener	savoir
avoir beau	mettre	sembler
compter	monter	sentir
courir	oser	souhaiter
croire	paraître	supposer
désirer	penser	se trouver
devoir	pouvoir	valoir mieux
dire	préférer	venir
écouter	prétendre	voir
entendre	se rappeler	voler
envoyer	reconnaître	vouloir
espérer	regarder	

B. Liste des principaux verbes qui introduisent l'infinitif complément par la préposition **à**:

aider à	demander à	se plaire à
aimer à	encourager à	pousser à
amener à	engager à	prendre plaisir à
s'amuser à	enseigner à	recommencer à
s'appliquer à	forcer à	renoncer à
apprendre à	habituer à	se résoudre à
arriver à	hésiter à	réussir à
aspirer à	s'intéresser à	servir à
s'attendre à	inviter à	songer à
avoir à	se mettre à	suffire à
chercher à	obliger à	tendre à
commencer à	parvenir à	tarder à
se consacrer à	passer (du temps) à	tenir à
condamner à	continuer à	travailler à
conduire à	décider à	venir à
consentir à	se décider à	

C. Liste des principaux verbes qui introduisent l'infinitif complément par la préposition **de**:

accepter de	empêcher de	s'occuper de
accuser de	entreprendre de	offrir de
achever de	essayer de	ordonner de
admirer de	s'étonner de	oublier de
s'apercevoir de	éviter de	parler de
s'arrêter de	s'excuser de	se passer de
s'aviser de	faire bien de	permettre de
avoir peur de	se fatiguer de	persuader de
blâmer de	féliciter de	plaindre de
cesser de	finir de	se plaindre de
charger de	forcer de	prier de
choisir de	se garder de	promettre de
commander de	gêner de	proposer de
conseiller de	se hâter de	punir de
se contenter de	s'impatienter de	refuser de
convaincre de	inspirer de	regretter de
convenir de	interdire de	remercier de
craindre de	jouir de	reprocher de
crier de	manquer de	résoudre de
décider de	menacer de	rire de
défendre de	mériter de	risquer de
demander de	se moquer de	sommer de
se dépêcher de	mourir de	souffrir de
dire de	négliger de	se souvenir de
se douter de	être obligé de	tâcher de
écrire de	obtenir de	venir de
s'efforcer de		

APPENDICE
NUMÉRO DEUX

CONJUGAISON DES VERBES RÉGULIERS

Verbes en *-er*	Verbes en *-ir*	Verbes en *-re*
	INFINITIF	
porter	finir	attendre
	PARTICIPE PRÉSENT	
portant	finissant	attendant
	PARTICIPE PASSÉ	
porté	fini	attendu
	PRÉSENT DE L'INDICATIF	
je porte	je finis	j'attends
tu portes	tu finis	tu attends
il porte	il finit	il attend
nous portons	nous finissons	nous attendons
vous portez	vous finissez	vous attendez
ils portent	ils finissent	ils attendent
	IMPÉRATIF	
porte	finis	attends
portons	finissons	attendons
portez	finissez	attendez
	IMPARFAIT DE L'INDICATIF	
je portais	je finissais	j'attendais
tu portais	tu finissais	tu attendais
il portait	il finissait	il attendait
nous portions	nous finissions	nous attendions
vous portiez	vous finissiez	vous attendiez
ils portaient	ils finissaient	ils attendaient
	FUTUR SIMPLE	
je porterai	je finirai	j'attendrai
tu porteras	tu finiras	tu attendras
il portera	il finira	il attendra
nous porterons	nous finirons	nous attendrons
vous porterez	vous finirez	vous attendrez
ils porteront	ils finiront	ils attendront

je porterais	je finirais	j'attendrais
tu porterais	tu finirais	tu attendrais
il porterait	il finirait	il attendrait
nous porterions	nous finirions	nous attendrions
vous porteriez	vous finiriez	vous attendriez
ils porteraient	ils finiraient	ils attendraient

PASSÉ SIMPLE

je portai	je finis	j'attendis
tu portas	tu finis	tu attendis
il porta	il finit	il attendit
nous portâmes	nous finîmes	nous attendîmes
vous portâtes	vous finîtes	vous attendîtes
ils portèrent	ils finirent	ils attendirent

PRÉSENT DU SUBJONCTIF

(que) je porte	(que) je finisse	(que) j'attende
(que) tu portes	(que) tu finisses	(que) tu attendes
(qu') il porte	(qu') il finisse	(qu') il attende
(que) nous portions	(que) nous finissions	(que) nous attendions
(que) vous portiez	(que) vous finissiez	(que) vous attendiez
(qu') ils portent	(qu') ils finissent	(qu') ils attendent

IMPARFAIT DU SUBJONCTIF

(que) je portasse	(que) je finisse	(que) j'attendisse
(que) tu portasses	(que) tu finisses	(que) tu attendisses
(qu') il portât	(qu') il finît	(qu') il attendît
(que) nous portassions	(que) nous finissions	(que) nous attendissions
(que) vous portassiez	(que) vous finissiez	(que) vous attendissiez
(qu') ils portassent	(qu') ils finissent	(qu') ils attendissent

PASSÉ COMPOSÉ

j'ai porté, etc.	j'ai fini, etc.	j'ai attendu, etc.

PLUS-QUE-PARFAIT DE L'INDICATIF

j'avais porté, etc.	j'avais fini, etc.	j'avais attendu, etc.

PASSÉ ANTÉRIEUR

j'eus porté, etc.	j'eus fini, etc.	j'eus attendu, etc.

PASSÉ SURCOMPOSÉ

j'ai eu porté, etc.	j'ai eu fini, etc.	j'ai eu attendu, etc.

FUTUR ANTÉRIEUR

j'aurai porté, etc.   j'aurai fini, etc.   j'aurai attendu, etc.

PASSÉ DU CONDITIONNEL

j'aurais porté, etc.   j'aurais fini, etc.   j'aurais attendu, etc.

PASSÉ DU SUBJONCTIF

(que) j'aie porté, etc.   (que) j'aie fini, etc.   (que) j'aie attendu, etc.

PLUS-QUE-PARFAIT-DU SUBJONCTIF

(que) j'eusse porté, etc.   (que) j'eusse fini, etc.   (que) j'eusse attendu, etc.

APPENDICE
NUMÉRO TROIS

CONJUGAISON DU VERBE AUXILIAIRE *AVOIR*

INFINITIF : avoir
PARTICIPE PRÉSENT : ayant
PARTICIPE PASSÉ : eu

INDICATIF

PRÉSENT	IMPARFAIT	PASSÉ SIMPLE	FUTUR SIMPLE
ai	avais	eus	aurai
as	avais	eus	auras
a	avait	eut	aura
avons	avions	eûmes	aurons
avez	aviez	eûtes	aurez
ont	avaient	eurent	auront

PASSÉ COMPOSÉ	PLUS-QUE-PARFAIT	PASSÉ ANTÉRIEUR	FUTUR ANTÉRIEUR
ai eu	avais eu	eus eu	aurai eu
as eu	avais eu	eus eu	auras eu
a eu	avait eu	eut eu	aura eu
avons eu	avions eu	eûmes eu	aurons eu
avez eu	aviez eu	eûtes eu	aurez eu
ont eu	avaient eu	eurent eu	auront eu

CONDITIONNEL

PRÉSENT	PASSÉ
aurais	aurais eu
aurais	aurais eu
aurait	aurait eu
aurions	aurions eu
auriez	auriez eu
auraient	auraient eu

IMPÉRATIF

aie

ayons
ayez

SUBJONCTIF

PRÉSENT	IMPARFAIT	PASSÉ	PLUS-QUE-PARFAIT
aie	eusse	aie eu	eusse eu
aies	eusses	aies eu	eusses eu
ait	eût	ait eu	eût eu
ayons	eussions	ayons eu	eussions eu
ayez	eussiez	ayez eu	eussiez eu
aient	eussent	aient eu	eussent eu

CONJUGAISON DU VERBE AUXILIAIRE *ÊTRE*

INFINITIF: être
PARTICIPE PRÉSENT: étant
PARTICIPE PASSÉ: été

INDICATIF

PRÉSENT	IMPARFAIT	PASSÉ SIMPLE	FUTUR SIMPLE
suis	étais	fus	serai
es	étais	fus	seras
est	était	fut	sera
sommes	étions	fûmes	serons
êtes	étiez	fûtes	serez
sont	étaient	furent	seront

PASSÉ COMPOSÉ	PLUS-QUE-PARFAIT	PASSÉ ANTÉRIEUR	FUTUR ANTÉRIEUR
ai été	avais été	eus été	aurai été
as été	avais été	eus été	auras été
a été	avait été	eut été	aura été
avons été	avions été	eûmes été	aurons été
avez été	aviez été	eûtes été	aurez été
ont été	avaient été	eurent été	auront été

CONDITIONNEL

PRÉSENT	PASSÉ
serais	aurais été
serais	aurais été
serait	aurait été
serions	aurions été
seriez	auriez été
seraient	auraient été

IMPÉRATIF

sois

soyons
soyez

SUBJONCTIF

PRÉSENT	IMPARFAIT	PASSÉ	PLUS-QUE-PARFAIT
sois	fusse	aie été	eusse été
sois	fusses	aies été	eusses été
soit	fût	ait été	eût été
soyons	fussions	ayons été	eussions été
soyez	fussiez	ayez été	eussiez été
soient	fussent	aient été	eussent été

CONJUGAISON DES VERBES IRRÉGULIERS*

Dans les tables de conjugaison des verbes irréguliers le passé composé est indiqué, afin de signaler le verbe auxiliaire qu'exige le verbe. Les temps composés se forment comme suit:

INDICATIF

PASSÉ COMPOSÉ:	Présent	
PLUS-QUE-PARFAIT:	Imparfait	
PASSÉ ANTÉRIEUR:	Passé simple	} du verbe auxiliaire + participe passé
PASSÉ SURCOMPOSÉ:	Passé composé	
FUTUR ANTÉRIEUR:	Futur simple	

PASSÉ DU CONDITIONNEL: présent du conditionnel du verbe auxiliaire + participe passé

SUBJONCTIF

PASSÉ: Présent du subjonctif
PLUS-QUE-PARFAIT: Imparfait du subjonctif } du verbe auxiliaire + participe passé

---

* Je voudrais remercier mon collègue et ami Douglas W. Alden et son éditeur, Appleton-Century-Crofts, qui m'ont aimablement permis d'établir ma table de verbes irréguliers sur le modèle de celle qui se trouve dans le *Premier Manuel*, qu'ils ont publié en 1954.

INFINITIF ET PARTICIPES	INDICATIF			
	PRÉSENT	IMPARFAIT	PASSÉ SIMPLE	PASSÉ COMPOSÉ
Acquérir	acquiers	acquérais	acquis	ai acquis
(*to acquire*)	acquiers	acquérais	acquis	as acquis
acquérant	acquiert	acquérait	acquit	a acquis
acquis	acquérons	acquérions	acquîmes	avons acquis
	acquérez	acquériez	acquîtes	avez acquis
	acquièrent	acquéraient	acquirent	ont acquis
Aller	vais	allais	allai	suis allé(e)
(*to go*)	vas	allais	allas	es allé(e)
allant	va	allait	alla	est allé(e)
allé	allons	allions	allâmes	sommes allé(e)s
	allez	alliez	allâtes	êtes allé(e)(s)
	vont	allaient	allèrent	sont allé(e)s
Asseoir*	assieds	asseyais	assis	me suis assis(e)
(*to seat*)	assieds	asseyais	assis	t'es assis(e)
asseyant	assied	asseyait	assit	s'est assis(e)
assis	asseyons	asseyions	assîmes	nous sommes assis(es)
	asseyez	asseyiez	assîtes	vous êtes assis(e)(s)
	asseyent	asseyaient	assirent	se sont assis(es)
assoyant	assois	assoyais		
	assois	assoyais		
	assoit	assoyait		
	assoyons	assoyions		
	assoyez	assoyiez		
	assoient	assoyaient		
Battre	bats	battais	battis	ai battu
(*to beat*)	bats	battais	battis	as battu
battant	bat	battait	battit	a battu
battu	battons	battions	battîmes	avons battu
	battez	battiez	battîtes	avez battu
	battent	battaient	battirent	ont battu
Boire	bois	buvais	bus	ai bu
(*to drink*)	bois	buvais	bus	as bu
buvant	boit	buvait	but	a bu
bu	buvons	buvions	bûmes	avons bu
	buvez	buviez	bûtes	avez bu
	boivent	buvaient	burent	ont bu

* Le verbe *asseoir* a deux conjugaisons, sauf au passé simple, au passé composé et à l'imparfait du subjonctif.

	CONDITIONNEL	IMPÉRATIF	SUBJONCTIF	
FUTUR SIMPLE	PRÉSENT		PRÉSENT	IMPARFAIT
acquerrai	acquerrais		acquière	acquisse
acquerras	acquerrais	acquiers	acquières	acquisses
acquerra	acquerrait		acquière	acquît
acquerrons	acquerrions	acquérons	acquérions	acquissions
acquerrez	acquerriez	acquérez	acquériez	acquissiez
acquerront	acquerraient		acquièrent	acquissent
irai	irais		aille	allasse
iras	irais	va	ailles	allasses
ira	irait		aille	allât
irons	irions	allons	allions	allassions
irez	iriez	allez	alliez	allassiez
iront	iraient		aillent	allassent
assiérai	assiérais		asseye	assisse
assiéras	assiérais	assieds-toi	asseyes	assisses
assiéra	assiérait		asseye	assît
assiérons	assiérions	asseyons-nous	asseyions	assissions
assiérez	assiériez	asseyez-vous	asseyiez	assissiez
assiéront	assiéraient		asseyent	assissent
assoirai	assoirais		assoie	
assoiras	assoirais	assois-toi	assoies	
assoira	assoirait		assoie	
assoirons	assoirions	assoyons-nous	assoyions	
assoirez	assoiriez	assoyez-vous	assoyiez	
assoiront	assoiraient		assoient	
battrai	battrais		batte	battisse
battras	battrais	bats	battes	battisses
battra	battrait		batte	battît
battrons	battrions	battons	battions	battissions
battrez	battriez	battez	battiez	battissiez
battront	battraient		battent	battissent
boirai	boirais		boive	busse
boiras	boirais	bois	boives	busses
boira	boirait		boive	bût
boirons	boirions	buvons	buvions	bussions
boirez	boiriez	buvez	buviez	bussiez
boiront	boiraient		boivent	bussent

INFINITIF ET PARTICIPES	INDICATIF			
	PRÉSENT	IMPARFAIT	PASSÉ SIMPLE	PASSÉ COMPOSÉ
Conclure (*to conclude*) concluant conclu	conclus conclus conclut concluons concluez concluent	concluais concluais concluait concluions concluiez concluaient	conclus conclus conclut conclûmes conclûtes conclurent	ai conclu as conclu a conclu avons conclu avez conclu ont conclu
Conduire (*to lead*) conduisant conduit	conduis conduis conduit conduisons conduisez conduisent	conduisais conduisais conduisait conduisions conduisiez conduisaient	conduisis conduisis conduisit conduisîmes conduisîtes conduisirent	ai conduit as conduit a conduit avons conduit avez conduit ont conduit
Connaitre (*to be acquainted*) connaissent connu	connais connais connait connaissons connaissez connaissent	connaissais connaissais connaissait connaissions connaissiez connaissaient	connus connus connut connûmes connûtes connurent	ai connu as connu a connu avons connu avez connu ont connu
Coudre (*to sew*) cousant cousu	couds couds coud cousons cousez cousent	cousais cousais cousait cousions cousiez cousaient	cousis cousis cousit cousîmes cousîtes cousirent	ai cousu as cousu a cousu avons cousu avez cousu ont cousu
Courir (*to run*) courant couru	cours cours court courons courez courent	courais courais courait courions couriez couraient	courus courus courut courûmes courûtes coururent	ai couru as couru a couru avons couru avez couru ont couru
Craindre (*to fear*) craignant craint	crains crains craint craignons craignez craignent	craignais craignais craignait craignions craigniez craignaient	craignis craignis craignit craignîmes craignîtes craignirent	ai craint as craint a craint avons craint avez craint ont craint

CONDITIONNEL		IMPÉRATIF	SUBJONCTIF	
FUTUR SIMPLE	PRÉSENT		PRÉSENT	IMPARFAIT
conclurai	conclurais		conclue	conclusse
concluras	conclurais	conclus	conclues	conclusses
conclura	conclurait		conclue	conclût
conclurons	conclurions	concluons	concluions	conclussions
conclurez	concluriez	concluez	concluiez	conclussiez
concluront	concluraient		concluent	conclussent
conduirai	conduirais		conduise	conduisisse
conduiras	conduirais	conduis	conduises	conduisisses
conduira	conduirait		conduise	conduisît
conduirons	conduirions	conduisons	conduisions	conduisissions
conduirez	conduiriez	conduisez	conduisiez	conduisissiez
conduiront	conduiraient		conduisent	conduisissent
connaîtrai	connaîtrais		connaisse	connusse
connaîtras	connaîtrais	connais	connaisses	connusses
connaîtra	connaîtrait		connaisse	connût
connaîtrons	connaîtrions	connaissons	connaissions	connussions
connaîtrez	connaîtriez	connaissez	connaissiez	connussiez
connaîtront	connaîtraient		connaissent	connussent
coudrai	coudrais		couse	cousisse
coudras	coudrais	couds	couses	cousisses
coudra	coudrait		couse	cousît
coudrons	coudrions	cousons	cousions	cousissions
coudrez	coudriez	cousez	cousiez	cousissiez
coudront	coudraient		cousent	cousissent
courrai	courrais		coure	courusse
courras	courrais	cours	coures	courusses
courra	courrait		coure	courût
courrons	courrions	courons	courions	courussions
courrez	courriez	courez	couriez	courussiez
courront	courraient		courent	courussent
craindrai	craindrais		craigne	craignisse
craindras	craindrais	crains	craignes	craignisses
craindra	craindrait		craigne	craignît
craindrons	craindrions	craignons	craignions	craignissions
craindrez	craindriez	craignez	craigniez	craignissiez
craindront	craindraient		craignent	craignissent

INFINITIF ET PARTICIPES	INDICATIF			
	PRÉSENT	IMPARFAIT	PASSÉ SIMPLE	PASSÉ COMPOSÉ
Croire (*to believe*) croyant cru	crois crois croit croyons croyez croient	croyais croyais croyait croyions croyiez croyaient	crus crus crut crûmes crûtes crurent	ai cru as cru a cru avons cru avez cru ont cru
Croitre (*to grow*) croissant crû, crue	croîs croîs croît croissons croissez croissent	croissais croissais croissait croissions croissiez croissaient	crûs crût crûs crûmes crûtes crûrent	ai crû as crû a crû avons crû avez crû ont crû
Cueillir (*to pick*) cueillant cueilli	cueille cueilles cueille cueillons cueillez cueillent	cueillais cueillais cueillait cueillions cueilliez cueillaient	cueillis cueillis cueillit cueillîmes cueillîtes cueillirent	ai cueilli as cueilli a cueilli avons cueilli avez cueilli ont cueilli
Devoir (*to owe, have to*) devant dû, due	dois dois doit devons devez doivent	devais devais devait devions deviez devaient	dus dus dut dûmes dûtes durent	ai dû as dû a dû avons dû avez dû ont dû
Dire (*to say, tell*) disant dit	dis dis dit disons dites disent	disais disais disait disions disiez disaient	dis dis dit dîmes dîtes dirent	ai dit as dit a dit avons dit avez dit ont dit
Écrire (*to write*) écrivant écrit	écris écris écrit écrivons écrivez écrivent	écrivais écrivais écrivait écrivions écriviez écrivaient	écrivis écrivis écrivit écrivîmes écrivîtes écrivirent	ai écrit as écrit a écrit avons écrit avez écrit ont écrit

	CONDITIONNEL	IMPÉRATIF	SUBJONCTIF	
FUTUR SIMPLE	PRÉSENT		PRÉSENT	IMPARFAIT
croirai	croirais		croie	crusse
croiras	croirais	crois	croies	crusses
croira	croirait		croie	crût
croirons	croirions	croyons	croyions	crussions
croirez	croiriez	croyez	croyiez	crussiez
croiront	croiraient		croient	crussent
croîtrai	croîtrais		croisse	crusse
croîtras	croîtrais	croîs	croisses	crusses
croîtra	croîtrait		croisse	crût
croîtrons	croîtrions	croissons	croissions	crussions
croîtrez	croîtriez	croissez	croissiez	crussiez
croîtront	croîtraient		croissent	crûssent
cueillerai	cueillerais		cueille	cueillisse
cueilleras	cueillerais	cueille	cueilles	cueillisses
cueillera	cueillerait		cueille	cueillît
cueillerons	cueillerions	cueillons	cueillions	cueillissions
cueillerez	cueilleriez	cueillez	cueilliez	cueillissiez
cueilleront	cueilleraient		cueillent	cueillissent
devrai	devrais		doive	dusse
devras	devrais	dois	doives	dusses
devra	devrait		doive	dût
devrons	devrions	devons	devions	dussions
devrez	devriez	devez	deviez	dussiez
devront	devraient		doivent	dussent
dirai	dirais		dise	disse
diras	dirais	dis	dises	disses
dira	dirait		dise	dît
dirons	dirions	disons	disions	dissions
direz	diriez	dites	disiez	dissiez
diront	diraient		disent	dissent
écrirai	écrirais		écrive	écrivisse
écriras	écrirais	écris	écrives	écrivisses
écrira	écrirait		écrive	écrivît
écrirons	écririons	écrivons	écrivions	écrivissions
écrirez	écririez	écrivez	écriviez	écrivissiez
écriront	écriraient		écrivent	écrivissent

INFINITIF ET PARTICIPES	INDICATIF			
	PRÉSENT	IMPARFAIT	PASSÉ SIMPLE	PASSÉ COMPOSÉ
Envoyer (*to send*) envoyant envoyé	envoie envoies envoie envoyons envoyez envoient	envoyais envoyais envoyait envoyions envoyiez envoyaient	envoyai envoyas envoya envoyâmes envoyâtes envoyèrent	ai envoyé as envoyé a envoyé avons envoyé avez envoyé ont envoyé
Faire (*to do, make*) faisant fait	fais fais fait faisons faites font	faisais faisais faisait faisions faisiez faisaient	fis fis fit fîmes fîtes firent	ai fait as fait a fait avons fait avez fait ont fait
Falloir (*to be necessary*) fallu	il faut	il fallait	il fallut	il a fallu
Fuir (*to flee*) fuyant fui	fuis fuis fuit fuyons fuyez fuient	fuyais fuyais fuyait fuyions fuyiez fuyaient	fuis fuis fuit fuîmes fuîtes fuirent	ai fui as fui a fui avons fui avez fui ont fui
Haïr (*to hate*) haïssant haï	hais hais hait haïssons haïssez haïssent	haïssais haïssais haïssait haïssions haïssiez haïssaient	haïs haïs haït haïmes haïtes haïrent	ai haï as haï a haï avons haï avez haï ont haï
Lire (*to read*) lisant lu	lis lis lit lisons lisez lisent	lisais lisais lisait lisions lisiez lisaient	lus lus lut lûmes lûtes lurent	ai lu as lu a lu avons lu avez lu ont lu

	CONDITIONNEL	IMPÉRATIF	SUBJONCTIF	
FUTUR SIMPLE	PRÉSENT		PRÉSENT	IMPARFAIT
enverrai	enverrais		envoie	envoyasse
enverras	enverrais	envoie	envoies	envoyasses
enverra	enverrait		envoie	envoyât
enverrons	enverrions	envoyons	envoyions	envoyassions
enverrez	enverriez	envoyez	envoyiez	envoyassiez
enverront	enverraient		envoient	envoyassent
ferai	ferais		fasse	fisse
feras	ferais	fais	fasses	fisses
fera	ferait		fasse	fît
ferons	ferions	faisons	fassions	fissions
ferez	feriez	faites	fassiez	fissiez
feront	feraient		fassent	fissent
il faudra	il faudrait		il faille	il fallût
fuirai	fuirais		fuie	fuisse
fuiras	fuirais	fuis	fuies	fuisses
fuira	fuirait		fuie	fuît
fuirons	fuirions	fuyons	fuyions	fuissions
fuirez	fuiriez	fuyez	fuyiez	fuissiez
fuiront	fuiraient		fuient	fuissent
haïrai	haïrais		haïsse	haïsse
haïras	haïrais	hais	haïsses	haïsses
haïra	haïrait		haïsse	haït
haïrons	haïrions	haïssons	haïssions	haïssions
haïrez	haïriez	haïssez	haïssiez	haïssiez
haïront	haïraient		haïssent	haïssent
lirai	lirais		lise	lusse
liras	lirais	lis	lises	lusses
lira	lirait		lise	lût
lirons	lirions	lisons	lisions	lussions
lirez	liriez	lisez	lisiez	lussiez
liront	liraient		lisent	lussent

INFINITIF ET PARTICIPES	INDICATIF			
	PRÉSENT	IMPARFAIT	PASSÉ SIMPLE	PASSÉ COMPOSÉ
Mettre	mets	mettais	mis	ai mis
(*to put*)	mets	mettais	mis	as mis
mettant	met	mettait	mit	a mis
mis	mettons	mettions	mîmes	avons mis
	mettez	mettiez	mîtes	avez mis
	mettent	mettaient	mirent	ont mis
Mourir	meurs	mourais	mourus	suis mort(e)
(*to die*)	meurs	mourais	mourus	es mort(e)
mourant	meurt	mourait	mourut	est mort(e)
mort	mourons	mourions	mourûmes	sommes mort(e)s
	mourez	mouriez	mourûtes	êtes mort(e)(s)
	meurent	mouraient	moururent	sont mort(e)s
Naître	nais	naissais	naquis	suis né(e)
(*to be born*)	nais	naissais	naquis	es né(e)
naissant	naît	naissait	naquit	est né(e)
né	naissons	naissions	naquîmes	sommes né(e)s
	naissez	naissiez	naquîtes	êtes né(e)(s)
	naissent	naissaient	naquirent	sont né(e)s
Ouvrir	ouvre	ouvrais	ouvris	ai ouvert
(*to open*)	ouvres	ouvrais	ouvris	as ouvert
ouvrant	ouvre	ouvrait	ouvrit	a ouvert
ouvert	ouvrons	ouvrions	ouvrîmes	avons ouvert
	ouvrez	ouvriez	ouvrîtes	avez ouvert
	ouvrent	ouvraient	ouvrirent	ont ouvert
Peindre	peins	peignais	peignis	ai peint
(*to paint*)	peins	peignais	peignis	as peint
peignant	peint	peignait	peignit	a peint
peint	peignons	peignions	peignîmes	avons peint
	peignez	peigniez	peignîtes	avez peint
	peignent	peignaient	peignirent	ont peint
Plaire	plais	plaisais	plus	ai plu
(*to please*)	plais	plaisais	plus	as plu
plaisant	plaît	plaisait	plut	a plu
plu	plaisons	plaisions	plûmes	avons plu
	plaisez	plaisiez	plûtes	avez plu
	plaisent	plaisaient	plurent	ont plu

	CONDITIONNEL	IMPÉRATIF	SUBJONCTIF	
FUTUR SIMPLE	PRÉSENT		PRÉSENT	IMPARFAIT
mettrai	mettrais		mette	misse
mettras	mettrais	mets	mettes	misses
mettra	mettrait		mette	mît
mettrons	mettrions	mettons	mettions	missions
mettrez	mettriez	mettez	mettiez	missiez
mettront	mettraient		mettent	missent
mourrai	mourrais		meure	mourusse
mourras	mourrais	meurs	meures	mourusses
mourra	mourrait		meure	mourût
mourrons	mourrions	mourons	mourions	mourussions
mourrez	mourriez	mourez	mouriez	mourussiez
mourront	mourraient		meurent	mourussent
naîtrai	naîtrais		naisse	naquisse
naîtras	naîtrais	nais	naisses	naquisses
naîtra	naîtrait		naisse	naquît
naîtrons	naîtrions	naissons	naissions	naquissions
naîtrez	naîtriez	naissez	naissiez	naquissiez
naîtront	naîtraient		naissent	naquissent
ouvrirai	ouvrirais		ouvre	ouvrisse
ouvriras	ouvrirais	ouvre	ouvres	ouvrisses
ouvrira	ouvrirait		ouvre	ouvrît
ouvrirons	ouvririons	ouvrons	ouvrions	ouvrissions
ouvrirez	ouvririez	ouvrez	ouvriez	ouvrissiez
ouvriront	ouvriraient		ouvrent	ouvrissent
peindrai	peindrais		peigne	peignisse
peindras	peindrais	peins	peignes	peignisses
peindra	peindrait		peigne	peignît
peindrons	peindrions	peignons	peignions	peignissions
peindrez	peindriez	peignez	peigniez	peignissiez
peindront	peindraient		peignent	peignissent
plairai	plairais		plaise	plusse
plairas	plairais	plais	plaises	plusses
plaira	plairait		plaise	plût
plairons	plairions	plaisons	plaisions	plussions
plairez	plairiez	plaisez	plaisiez	plussiez
plairont	plairaient		plaisent	plussent

INFINITIF ET PARTICIPES	INDICATIF			
	PRÉSENT	IMPARFAIT	PASSÉ SIMPLE	PASSÉ COMPOSÉ
Pleuvoir (*to rain*) pleuvant plu	il pleut	il pleuvait	il plut	il a plu
Pouvoir (*to be able*) pouvant pu	peux, puis peux peut pouvons pouvez peuvent	pouvais pouvais pouvait pouvions pouviez pouvaient	pus pus put pûmes pûtes purent	ai pu as pu a pu avons pu avez pu ont pu
Prendre (*to take*) prenant pris	prends prends prend prenons prenez prennent	prenais prenais prenait prenions preniez prenaient	pris pris prit prîmes prîtes prirent	ai pris as pris a pris avons pris avez pris ont pris
Recevoir (*to receive*) recevant reçu	reçois reçois reçoit recevons recevez reçoivent	recevais recevais recevait recevions receviez recevaient	reçus reçus reçut reçûmes reçûtes reçurent	ai reçu as reçu a reçu avons reçu avez reçu ont reçu
Résoudre (*to resolve, to solve*) résolvant résolu	résous résous résout résolvons résolvez résolvent	résolvais résolvais résolvait résolvions résolviez résolvaient	résolus résolus résolut résolûmes résolûtes résolurent	ai résolu as résolu a résolu avons résolu avez résolu ont résolu
Rire (*to laugh*) riant ri	ris ris rit rions riez rient	riais riais riait riions riiez riaient	ris ris rit rîmes rîtes rirent	ai ri as ri a ri avons ri avez ri ont ri

	CONDITIONNEL	IMPÉRATIF	SUBJONCTIF	
FUTUR SIMPLE	PRÉSENT		PRÉSENT	IMPARFAIT
il pleuvra	il pleuvrait		il pleuve	il plut
pourrai	pourrais		puisse	pusse
pourras	pourrais		puisses	pusses
pourra	pourrait		puisse	pût
pourrons	pourrions		puissions	pussions
pourrez	pourriez		puissiez	pussiez
pourront	pourraient		puissent	pussent
prendrai	prendrais		prenne	prisse
prendras	prendrais	prends	prennes	prisses
prendra	prendrait		prenne	prît
prendrons	prendrions	prenons	prenions	prissions
prendrez	prendriez	prenez	preniez	prissiez
prendront	prendraient		prennent	prissent
recevrai	recevrais		reçoive	reçusse
recevras	recevrais	reçois	reçoives	reçusses
recevra	recevrait		reçoive	reçût
recevrons	recevrions	recevons	recevions	reçussions
recevrez	recevriez	recevez	receviez	reçussiez
recevront	recevraient		reçoivent	reçussent
résoudrai	résoudrais		résolve	résolusse
résoudras	résoudrais	résous	résolves	résolusses
résoudra	résoudrait		résolve	résolût
résoudrons	résoudrions	résolvons	résolvions	résolussions
résoudrez	résoudriez	résolvez	résolviez	résolussiez
résoudront	résoudraient		résolvent	résolussent
rirai	rirais		rie	risse
riras	rirais	ris	ries	risses
rira	rirait		rie	rît
rirons	ririons	rions	riions	rissions
rirez	ririez	riez	riiez	rissiez
riront	riraient		rient	rissent

INFINITIF ET PARTICIPES	INDICATIF			
	PRÉSENT	IMPARFAIT	PASSÉ SIMPLE	PASSÉ COMPOSÉ
Savoir (*to know*) sachant su	sais sais sait savons savez savent	savais savais savait savions saviez savaient	sus sus sut sûmes sûtes surent	ai su as su a su avons su avez su ont su
Suffire (*to be sufficient*) suffisant suffi	suffis suffis suffit suffisons suffisez suffisent	suffisais suffisais suffisait suffisions suffisiez suffisaient	suffis suffis suffit suffîmes suffîtes suffirent	ai suffi as suffi a suffi avons suffi avez suffi ont suffi
Suivre (*to follow*) suivant suivi	suis suis suit suivons suivez suivent	suivais suivais suivait suivions suiviez suivaient	suivis suivis suivit suivîmes suivîtes suivirent	ai suivi as suivi a suivi avons suivi avez suivi ont suivi
Tenir (*to hold, keep*) tenant tenu	tiens tiens tient tenons tenez tiennent	tenais tenais tenait tenions teniez tenaient	tins tins tint tînmes tîntes tinrent	ai tenu as tenu a tenu avons tenu avez tenu ont tenu
Vaincre (*to conquer*) vainquant vaincu	vaincs vaincs vainc vainquons vainquez vainquent	vainquais vainquais vainquait vainquions vainquiez vainquaient	vainquis vainquis vainquit vainquîmes vainquîtes vainquirent	ai vaincu as vaincu a vaincu avons vaincu avez vaincu ont vaincu
Valoir (*to be worth*) valant valu	vaux vaux vaut valons valez valent	valais valais valait valions valiez valaient	valus valus valut valûmes valûtes valurent	ai valu as valu a valu avons valu avez valu ont valu

	CONDITIONNEL	IMPÉRATIF	SUBJONCTIF	
FUTUR SIMPLE	PRÉSENT		PRÉSENT	IMPARFAIT
saurai	saurais		sache	susse
sauras	saurais	sache	saches	susses
saura	saurait		sache	sût
saurons	saurions	sachons	sachions	sussions
saurez	sauriez	sachez	sachiez	sussiez
sauront	sauraient		sachent	sussent
suffirai	suffirais		suffise	suffisse
suffiras	suffirais	suffis	suffises	suffisses
suffira	suffirait		suffise	suffît
suffirons	suffirions	suffisons	suffisions	suffissions
suffirez	suffiriez	suffisez	suffisiez	suffissiez
suffiront	suffiraient		suffisent	suffissent
suivrai	suivrais		suive	suivisse
suivras	suivrais	suis	suives	suivisses
suivra	suivrait		suive	suivît
suivrons	suivrions	suivons	suivions	suivissions
suivrez	suivriez	suivez	suiviez	suivissiez
suivront	suivraient		suivent	suivissent
tiendrai	tiendrais		tienne	tinsse
tiendras	tiendrais	tiens	tiennes	tinsses
tiendra	tiendrait		tienne	tînt
tiendrons	tiendrions	tenons	tenions	tinssions
tiendrez	tiendriez	tenez	teniez	tinssiez
tiendront	tiendraient		tiennent	tinssent
vaincrai	vaincrais		vainque	vainquisse
vaincras	vaincrais	vaincs	vainques	vainquisses
vaincra	vaincrait		vainque	vainquît
vaincrons	vaincrions	vainquons	vainquions	vainquissions
vaincrez	vaincriez	vainquez	vainquiez	vainquissiez
vaincront	vaincraient		vainquent	vainquissent
vaudrai	vaudrais		vaille	valusse
vaudras	vaudrais	vaux	vailles	valusses
vaudra	vaudrait		vaille	valût
vaudrons	vaudrions	valons	valions	valussions
vaudrez	vaudriez	valez	valiez	valussiez
vaudront	vaudraient		vaillent	valussent

INFINITIF ET PARTICIPES	INDICATIF			
	PRÉSENT	IMPARFAIT	PASSÉ SIMPLE	PASSÉ COMPOSÉ
Venir	viens	venais	vins	suis venu(e)
(*to come*)	viens	venais	vins	es venu(e)
venant	vient	venait	vint	est venu(e)
venu	venons	venions	vînmes	sommes venu(e)s
	venez	veniez	vîntes	êtes venu(e)(s)
	viennent	venaient	vinrent	sont venu(e)s
Vêtir	vêts	vêtais	vêtis	ai vêtu
(*to dress*)	vêts	vêtais	vêtis	as vêtu
vêtant	vêt	vêtait	vêtit	a vêtu
vêtu	vêtons	vêtions	vêtîmes	avons vêtu
	vêtez	vêtiez	vêtîtes	avez vêtu
	vêtent	vêtaient	vêtirent	ont vêtu
Vivre	vis	vivais	vécus	ai vécu
(*to live*)	vis	vivais	vécus	as vécu
vivant	vit	vivait	vécut	a vécu
vécu	vivons	vivions	vécûmes	avons vécu
	vivez	viviez	vécûtes	avez vécu
	vivent	vivaient	vécurent	ont vécu
Voir	vois	voyais	vis	ai vu
(*to see*)	vois	voyais	vis	as vu
voyant	voit	voyait	vit	a vu
vu	voyons	voyions	vîmes	avons vu
	voyez	voyiez	vîtes	avez vu
	voient	voyaient	virent	ont vu
Vouloir	veux	voulais	voulus	ai voulu
(*to wish*	veux	voulais	voulus	as voulu
want)	veut	voulait	voulut	a voulu
voulant	voulons	voulions	voulûmes	avons voulu
voulu	voulez	vouliez	voulûtes	avez vculu
	veulent	voulaient	voulurent	ont voulu

	CONDITIONNEL	IMPÉRATIF	SUBJONCTIF	
FUTUR SIMPLE	PRÉSENT		PRÉSENT	IMPARFAIT
viendrai	viendrais		vienne	vinsse
viendras	viendrais	viens	viennes	vinsses
viendra	viendrait		vienne	vînt
viendrons	viendrions	venons	venions	vinssions
viendrez	viendriez	venez	veniez	vinssiez
viendront	viendraient		viennent	vinssent
vêtirai	vêtirais		vête	vêtisse
vêtiras	vêtirais	vêts	vêtes	vêtisses
vêtira	vêtirait		vête	vêtît
vêtirons	vêtirions	vêtons	vêtions	vêtissions
vêtirez	vêtiriez	vêtez	vêtiez	vêtissiez
vêtiront	vêtiraient		vêtent	vêtissent
vivrai	vivrais		vive	vécusse
vivras	vivrais	vis	vives	vécusses
vivra	vivrait		vive	vécût
vivrons	vivrions	vivons	vivions	vécussions
vivrez	vivriez	vivez	viviez	vécussiez
vivront	vivraient		vivent	vécussent
verrai	verrais		voie.	visse
verras	verrais	vois	voies	visses
verra	verrait		voie	vît
verrons	verrions	voyons	voyions	vissions
verrez	verriez	voyez	voyiez	vissiez
verront	verraient		voient	vissent
voudrai	voudrais		veuille	voulusse
voudras	voudrais	veuille	veuilles	voulusses
voudra	voudrait		veuille	voulût
voudrons	voudrions	voulons	voulions	voulussions
voudrez	voudriez	veuillez	vouliez	voulussiez
voudront	voudraient		veuillent	voulussent

N.B. : Les chiffres renvoient aux pages du manuel.